幼儿园
园本课程及其资源开发利用

莫　玲　林丽鸿 / 著

吉林人民出版社

图书在版编目（CIP）数据

幼儿园园本课程及其资源开发利用 / 莫玲，林丽鸿
著.一长春：吉林人民出版社，2023.11
ISBN 978-7-206-20651-1

Ⅰ.①幼… Ⅱ.①莫… ②林… Ⅲ.①幼儿园—课程
建设—研究 Ⅳ.①G612

中国国家版本馆CIP数据核字（2023）第223312号

幼儿园园本课程及其资源开发利用
YOU'ERYUAN YUANBEN KECHENG JIQI ZIYUAN KAIFA LIYONG

著　者：莫　玲　林丽鸿　　封面设计：李　娜

责任编辑：刘子莹

吉林人民出版社出版发行（长春市人民大街7548号　　邮政编码：130022）

印　　刷：北京政采印刷服务有限公司

开　　本：787mm×1092mm　　1/16

印　　张：11.5　　　　字　　数：160千字

标准书号：ISBN 978-7-206-20651-1

版　　次：2023年11月第1版　　印　　次：2023年11月第1次印刷

定　　价：58.00元

前言

随着国家各项教育政策的出台,学前教育日益受到人们的重视。它是基础教育层面不可或缺的,且迫切需要全社会的支持。新时期学前教育获得了极大的发展,在教育教学领域展开了广泛的讨论。幼儿园教育是基础教育的出发点,也是学生未来发展的根本,对其展开全面的研究和探讨显得十分必要。

在幼儿园阶段的教育当中,园本课程是一种对园所资源进行综合集中的表现,它反映了整个园所的内在和外在的特征,以一种园本组织活动的形式进行,通过这种方式对幼儿展开与阅读有关的教学和组织,促进幼儿发展。园本课程是根据幼儿园的实际情况,与教师和课程资源相结合而开发的一种课程。幼儿园的教学活动必须与幼儿的身体和心理发展相一致,因此要根据幼儿的实际情况,制定适合自己的"课程"。园本课程开发是指,幼儿园以自身的现实情况为依据,以周围的社区为参考,对教师的教学方式和内容主动改变,利用周边资源和环境对幼儿进行有效的教育,从而使其成为一种由教师、幼儿、家长等多种人员一起进行的、具有开放性和民主性决策的过程。通过对大众的调查,对幼儿园的教学场地进行全方位的探讨,为幼儿园的教学提供了新的思路。伴随着活动的深入研究,对幼儿来说,园本课程的重要性越来越明显。在国家各项政策文件的指导下,以幼儿园具有的现实的资源状况和幼儿身体、心理特征为依据,园本课程的开发顺利地进行并取得了不错的成绩。

在幼儿园中,对课程资源进行开发、利用与管理是必不可少的,这既是幼儿教学的一个关键环节，也是提高幼儿园师资队伍素质的一个关键因素。对课程资源进行开发与应用，不仅有利于改变幼儿的学习模式，还有利于教师在新课程中进行创新性的实践等，也一定程度地反映出各区域幼儿园的教育特点。

鉴于此，笔者撰写了《幼儿园园本课程及其资源开发利用》一书，本书对幼儿园园本课程进行了概述，阐述了幼儿园园本课程开发的基点，论述了幼儿园园本课程的实施、评价与设计，探究了基于地域文化资源的幼儿园园本课程开发利用，诠释了基于地域文化资源开发的雷州幼儿园课程设计以及幼儿园利用雷州地域文化资源开发的美术课程。

笔者在撰写本书的过程中，借鉴了许多专家和学者的研究成果，在此表示衷心的感谢。本书研究的课题涉及的内容十分宽泛，尽管笔者在写作过程中力求完美，但仍难免存在疏漏，恳请各位专家批评指正。

目 录

幼儿园园本课程概述

第一节　课程与幼儿园课程

一、课程

（一）课程的定义

从历史方面来看，"课程"一词源于我国唐代孔颖达注释的《诗经·小雅》。此外，在南宋朱熹撰写的《朱子全书·论学》中也提到了"课程"一词。朱熹认为，所谓"课程"是指学习的进度、范围以及时间，其对课程的理解一直被延续到后世。在西方教育史上，"课程"的拉丁语英译为"currere"，代表着跑马道的意思；从这个注解来看，课程通常被理解为学习的进度，主要是体现学生在学习过程中的表现和效果，有指引学生按照预期学习目标有序开展学习的含义。

对于众多的课程定义，谢福勒（Scheffler）曾将其归为三种：其一，描述性课程定义。即提供一些解释性规划的传统定义。因其能够反映该名词的"前定义用法"而常出现在字典中。其二，约定式定义。它是一种独创性的定义，通常是个别学者为方便确立自己的观点而对某一名词的界定。其三，规划的定义。它是描述性与约定式两种定义的结合。

1. 描述性定义

课程即学科。从"课程"一词的历史发展进程来看，大多被理解为学科的意思。在中国古代，课程主要是指六艺，即礼、乐、射、御、书、数。在西方，课程主要是指算术、几何、文法、音乐以及天文学等。在我国的《中国大百科全书》中将"课程"一词定义为"学科的总和"，并将"课程"一词划分为两种不同的类型，一种是广义课程，即所有学科的总和；另一种是狭义课程，即单指某一学科。①定义课程的主要依据是课程涉及的知识内容，以此为标准将其设计为不同的学科课程，不需要考虑知识结构以及逻辑性。在课程实践过程中，教师往往会忽视学生的情感与精神方面的发展需求，只关注学生掌握知识的程度以及智力的发展状况，这样设计出的学科课程不利于培养和提高学生的综合素质能力。

2. 约定式定义

（1）课程即计划。

麦克唐纳（J. B. McDonough）在其研究中认为，应该将课程等同于学习计划，其认为正规的教育系统应该包括四个方面，一是教导，二是学习，其三是教学，四是课程系统。这里的课程系统可以理解为学习计划，其主要作用是引导学生学习。对于课程的定义最早开始于20世纪50年代，当时的课程主要包括四个方面，一是目标，二是内容，三是活动，四是评价。对于课程的定义存在一定的局限性，主要体现在将课程的重点放在了教学设计上，并没有考虑学生的情感和精神上的需求，既无法将课程与教学单元有效地区分，也无法将课程与教学有效地结合在一起。在评价课程教学活动的过程中，很容易忽视学生其他的发展需求。

（2）课程即目标。

"课程即目标"的观点最早是由博比特（F. Bobbitt）在其撰写的《课程》一书中提到的。所谓"课程"是指青少年以某一学习目标为出发点，

---

① 中国大百科全书（教育卷）［M］.北京：中国大百科全书出版社，1985：207.

在学习过程中获得的一系列经验。这里虽然涉及学习经验，但其更倾向于研究成人在学习过程中是如何具备和总结得到经验的，对儿童和青少年的学习课程经验的研究非常少。"课程即目标"的定义最早开始于20世纪20年代的研究领域以及60年代的教育绩效运动，当时在行为主义心理学和科学管理的基础上提出了预测、控制以及效率的概念，为目标的定义做了足够的铺垫，认为目标是终极目的。从理论层面来看，课程的执行者是教师。想要提高教师整体的教学水平和质量，就必须重视课程目标的设定，但在实际执行课程的过程中往往会忽略师生之间的互动，只在乎教学结果而不在乎教学过程的目标是不可取的。

（3）课程即经验。

杜威（J.Dewey）在其研究中认为，教育的目标和方式之间存在着紧密的联系，其并不认同将课程当作一种活动来设定目标，他认为课程就是学生在学习过程中获得的学习经验。在20世纪30年代，当时的教育领域受到经验主义哲学、完形主义心理学和进步主义教育运动的严重冲击，教师开始重视学习的综合素质能力与个性化发展，逐渐将课程定义为学习经验。如安德逊（Anderson）、史密斯（Smith）和坎萨斯（Kansas）等在其研究中认为，课程是学生在教学环境中，通过与教师和教材进行交互产生的学习经验。[1]当时对课程的定义普遍都比较认可"课程即经验"，对课程进行了分类，大致分为两种，一是正规课程，二是潜在课程。但仅用经验来定义课程还是存在很大的争议。从经验的角度来看，经验分为很多类型，比如，校内外经验，与教学目的相关的经验以及实现的经验等，因此在学术界对经验的定义没有达成统一的共识。在此基础上，一些学者要求对经

---

① 黄政杰.课程概念剖析［J］.台湾师大教育研究所集刊（第25辑），1983：157-161.

验重新定义，将其定义为有计划、有指导、有目标的学习经验。因此，课程正式被定义为学生从学科和教材中获得的学习经验。它是在对以往课程定义的优化和完善，更能体现课程的人文主义特征。

3. 规划的定义

香港中文大学李子建、黄显华教授在厘清众多课程定义的基础上，认为课程定义必须符合三点要求：第一，课程定义是可运作的；第二，课程定义能够兼备描述性及规划性，反映课程作为学理范围的发展历史趋势，以及允许批判性取向的诠释和责任承担；第三，强调不同教育工作者（特别是教师）作为课程设计和发展的人士。也就是说，课程定义不仅是描述性的，也是规划性的；不仅要配合复杂的课程现象和脉络，也要为课程实践指出路向；不仅强调专家学者的参与，而且更注重教师的规划。即课程是有目标但可以随时修改的计划，是学习活动整体的规划，其中包括正规学习活动和非正规学习活动。此外，课程本身与目标、内容以及评价之间有着紧密的联系，它是多个方面结合在一起形成的一个统一的整体。这些计划、内容和过程构成的基本框架，有助于指导和设计课程内容。①

由此可见，我们得出的研究结果主要包括三个方面：首先，课程是一种术语，存在广义和狭义之分，每一种定义背后都有其独特的社会背景和基础理论；其次，每一种课程定义都有其优缺点；最后，对教师而言，课程的定义要根据实际情况区别对待，不同的课程定义对应不同的需要解决的教学问题。

（二）课程的类型

对于课程的类型，可以从多种不同角度划分，以用于说明不同的问

---

① 李子建，黄显华.课程：范式、取向和设计［M］.香港中文大学出版社，1996：21.

题。下面介绍几对与幼儿园课程理论和实践较为密切的课程类型。

1. 一元化课程与多元化课程

一元化课程可以理解为主流中心课程，通常是指某一国家以主导民族的文化、历史以及经验立场为依据设置的课程。

随着社会经济的发展与人类的进步，促使人类社会向多元化方向发展，社会关系也越来越复杂。这种发展趋势同样体现在课程发展中，比如，在设计活动课程中要考虑多元化的因素，出现反偏见的课程内容，等等。多元文化课程是基于一元化课程的缺陷而发展形成的，其是以人类社会的多元文化为核心而设计的，其主要作用是帮助人类学习和掌握不同类型的学科知识与技能，帮助人类具备发展自身和改造世界的能力。

当今社会已经进入多元文化时代，课程的发展同样需要向多元化方向发展。在多元文化中，因为文化的积累过程是非常漫长的，所以往往会对课程的文化提出更高的要求。简单来说，就是在选择课程之前既要考虑社会成员思想行为是否保持一致，又要考虑加强不同社会群体之间的文化交流和相互尊重，但在实际中，兼顾两者是非常困难的。因此，课程不仅要体现文化的差异性特征，还要在尊重文化的前提下，将少数族群的文化巧妙地融进主流文化中。总而言之，如果课程只有主流文化，对外来文化排斥，那么对非主流文化族群的学生来说，就会造成非常大的负面影响。相反，如果打破文化之间的隔阂，将所有文化纳入主流文化之中，那么课程的内容就会变得十分庞大，会加重学生的学习负担，这对大多数学生来说是不需要的，也是不合理的。退一步来说，就算课程涵盖了所有的文化，既不一定保证能够促进不同文化之间的相互融合，也不一定能够增强不同文化族群之间的向心力和凝聚力。

2. 学科课程与活动课程

所谓"学科课程"是指以某一学习目标为出发点，根据不同儿童的年龄特征制定的不同的教学科目，其主要目的在于帮助儿童掌握基础的学科知识和技能。学科课程是根据教材的逻辑顺序将学科知识重新编排，不仅关注儿童的学习成果，而且关注儿童在学习过程中的态度和表现。

学科课程的概念在学校教育诞生之际就已经存在，发展到文艺复兴以后对学科课程的定义就更加全面。夸美纽斯（J. A. Comenuius）在其研究中认为，学科课程可以理解为百科全书式课程，即将所有学科门类包含其中。而后，赫尔巴特（J. F. Herbart）和斯宾塞等在其研究中分别从心理学和社会学的角度赋予学科课程新的定义。赫尔巴特认为，学科课程的主要作用是培养和引起儿童的学习兴趣，让其对不同学科知识有初步的认识和了解，而斯宾塞则认为要根据儿童所在地区的社会生活环境，为其设计相应的学科课程。

活动课程是根据儿童实际学习需求和兴趣爱好为他们设计组织活动的课程。活动课程本身打破了传统的学科课程逻辑，更加关注儿童的学习过程。目前对活动课程的定义存在一定的争议，有学者认为活动课程可以理解为经验课程或儿童中心课程。

活动课程的定义最早源于卢梭（J. J. Rousseau）的自然教育思想、斐斯泰洛奇（J. H. Pestalozzi）的教育适应自然原则以及福禄贝尔的儿童自动发展思想。但学术界普遍认为，"活动课程"一词最早是在19世纪末20世纪初的欧美新教育和进步教育运动中产生的，其中的代表人物为杜威。杜威认为，活动课程真正的中心是儿童参与的社会活动，而不是学科知识；其还提出了"在做中学"的观点，认为儿童应该在学习活动中获得学习经验。

综上所述，学科课程更关注儿童在完成学习任务以后对基础知识和技能的掌握情况；教师在教育实践过程中，通常会过于注重运用学科课程进行教育，往往忽视了儿童的学习过程以及学习过程中的感悟和体验。而活动课程则是根据儿童的学习需求和兴趣爱好制定的课程，更关注儿童的生活体验。其缺点在于无法制订详细的课程执行计划，儿童很难全面系统地掌握学科知识。由此可见，学科课程与活动课程各有优缺点。

3. 显性课程与隐性课程

显性课程与隐性课程在本质上属于不同类型的课程，其性质和功能存在很大的差异。有学者曾以三个维度对这两种课程进行了区分。第一个维度，是课程的计划性。显性课程是有计划、有组织、有意图的，学生参与的可能性比较大；而隐性课程是无组织、无计划的，学生参与的可能性不大，学生的收获在短时间内无法产生作用。第二个维度，是学习环境。显性课程一般是在课堂教学中向学生传授学科知识技能；而隐性课程的学习环境不仅仅局限于课堂，更包括物质、社会以及文化环境。第三个维度，是学生学习成果。在显性课程中，学生能够学习到预期的学科知识技能；在隐性课程中，学生会获得非预期知识技能，在短时间内这些非预期知识技能无法发挥作用。

综上所述，显性课程与隐性课程之间是相互独立、相互依存的关系。首先，显性课程的实施通常会包含一些隐性课程。比如，在实施显性课程的过程中要求加强师生之间的互动交流，那么就会涉及许多非组织、非计划的教育实践活动。其次，许多隐性课程会随着发展与进步逐渐转变为显性课程。简单来说就是，在实施显性课程的过程中出现了隐性课程的内容，如果隐性课程对显性课程产生积极正面的影响，就有可能逐渐转化为显性课程，否则就无法转化为显性课程。此外，在显性课程实施的过程中很容易出现新的隐性课程。

二、幼儿园课程

（一）幼儿园课程的定义

幼儿园课程的概念在20世纪中期就普遍运用在我国幼儿教育中。张雪门在其撰写的《幼儿园的课程》一书中强调，课程就是经验，是人类在社会实践中不断归纳总结形成的，是按照一定的组织规划使用各种方法引起幼儿学习兴趣的活动。幼儿园课程就是为那些3周岁到6周岁的幼儿量身定做的经验课程。[①]我国第一次教育工作会议是在1928年5月于南京召开。其间，著名教育家陶行知先生针对当时的幼儿园课程认为，其并不符合当时的国情，属于仿制的外来品，于是提出了《审查编辑幼儿园课程与教材案》的提案。当时的教育部聘请以陈鹤琴为代表的幼儿教育专家为我国制定了《幼儿园课程标准》，在1932年10月正式执行。陈鹤琴认为，幼儿园要为儿童提供一个和谐、自然的社会环境，给予儿童充分的学习经验和学习体验，要为其制定相应的幼儿园课程。张宗麟在其研究中认为，幼儿园课程有广义和狭义之说，广义的幼儿园课程是指儿童在幼儿园中的活动经历。[②]这些专家学者将幼儿园课程的定义进一步优化完善，将其限定在幼儿园范围之内，强调要关注儿童在幼儿园中的活动过程以及活动经验。中华人民共和国成立以后，国内幼儿教育模式受到苏联的影响，非常排斥西方幼儿园课程的教育观念，在计划经济模式的影响下采取了统一集中管理幼儿园课程的模式。自改革开放以后，我国的经济体制向社会主义市场经济转型。随着教育改革进程不断加快，幼儿教育工作者意识到，应从不同的角度对幼儿园课程重新定义。目前，已经普遍认可的幼儿园课程定义主要包括以下几个观点。

（1）幼儿园课程相当于教学科目。中华人民共和国成立以来，在很长的时间内我国的幼儿园课程定义就是教学科目。我国教育部在1981年出台

---

① 张雪门. 幼儿园的课程［C］//戴自庵. 张雪门幼儿教育文集：上卷. 北京：北京少年儿童出版社，1994：25.

② 张沪. 张宗麟幼儿教育文集［M］. 长沙：湖南教育出版社，1985：31.

的《幼儿园教育纲要》中为幼儿教育设置了六门课程，一是语言，二是计算，三是常识，四是音乐，五是美术，六是体育。

（2）幼儿园课程等同于教育活动。从实施和设计的角度来看，幼儿园课程相当于儿童在幼儿园进行教育活动的总和。

（3）幼儿园课程相当于学习经验。幼儿园课程的概念经历了三十多年的发展以后，融入了西方课程理论的精华，对传统的幼儿园课程定义进行反思和变革，幼儿园课程是指幼儿在教育过程中学习和掌握各种教学经验。后来，在其基础上向外延伸，提出了幼儿自由选择和组织经验的相关理论。[①]

（4）幼儿园课程相当于教学计划。这里的教学计划通常是指预先设计安排的教学计划，分为长期教学计划和短期教学计划，大多是以书面和口头的形式呈现的。[②]

（5）幼儿园课程相当于发生事件。这里对发生事件定义主要强调的是幼儿在校经历，更注重教育过程中的师生互动环节。[③]

综上所述，幼儿园课程是指儿童在幼儿园接受教育的过程中与人、事、物接触后获得经验，其主要作用是促进儿童全面的发展，主要分为两个方面，一方面是教师预先设计的课程计划，另一方面是师生互动过程中产生的新课程计划。幼儿园课程的定义主要存在四个方面的特征：第一是统整性，即预先设计的课程计划与设计的课程内容保持一致；第二，幼儿园课程的评价标准与目标是能否帮助儿童全面地发展；第三，幼儿园课程制定的教学目标和内容，都是为了帮助儿童构建属于自己的学习经验架

---

① 唐淑.幼儿园课程实施指导丛书：总论［M］.南京：南京师范大学出版社，1997：3.

② 蔡秋桃.幼儿教育课程通论［M］.台北：五南图书，1986：2.

③ 蔡秋桃.幼儿教育课程通论［M］.台北：五南图书，1986：2.

构，因此具有一定的积极促进作用；第四，幼儿园课程针对的对象是学龄前儿童，是为他们量身设计的教育课程。

（二）幼儿园课程的基本特点

从教育课程的发展进程来看，对不同教育阶段设计的课程有许多相似之处。幼儿园课程与其他教育课程的特点有许多相似的地方，比如，幼儿园课程与其他教育编制的课程，都能从不同程度体现当时的社会文化以及价值观，都非常重视将社会与文化价值有机地结合在一起，在学习中传授与社会文化价值观相契合的知识、技能等。

但与其他各级各类教育课程相比，幼儿园课程有其独特的特点，其中最大的差别在于，幼儿园课程要综合考虑幼儿今后的发展——制定的幼儿园教育决策不仅要关注当时的发展状况，更要考虑为幼儿今后的发展做好铺垫和准备。在编制幼儿园课程时要考虑这种差距，尤其是在设计幼儿园游戏活动方面。简单来说，与其他各级各类教育课程相比，幼儿园课程的编制者要从不同的角度，以不同的方式将游戏活动的成分融入幼儿园课程，这样才有利于提高幼儿整体的发展水平，这也是幼儿园课程与其他课程区别最大的地方。

综上所述，与其他各级各类教育课程相比，幼儿园课程在一定程度上具有其独特的地方，主要是因为儿童在幼儿教育时期的发展速度往往会超出预期，儿童的学习能力与其自身的发展水平有很大的关联性。因此，编制幼儿园课程的决策者在编制过程中，一定要综合考虑幼儿整体的发展水平。早期的幼儿园课程编制者没有综合考虑儿童的发展，导致他们对儿童未来的发展持不同的观点和看法。但大多数从事教育的工作者普遍认为，早期的儿童教育就是要帮助儿童获得更好的发展。与其他各级各类教育课程相比，幼儿园教育的方式和教材存在很大的区别。早期幼儿园课程大多是以教育活动为主，而不是以课堂教学为主。因此，针对不同学龄的儿童设计的幼儿园课程的过程、内容以及结构在不同的幼儿园教育时期需展现出不同的特点。

（三）幼儿园课程的要素

设计和规划幼儿园课程的要素主要包括四个方面，一是课程目标，二是课程内容，三是课程方法，四是课程评价，这四大要素都涉及不同的教育理念。

1. 幼儿园课程的教育理念

设置幼儿园课程的核心要素是根据教育理念制定教育目标，这是幼儿园课程的核心内容；此外，还涉及其他的内容，其中课程目标、课程内容、课程方法与课程评价都是基于核心要素发展形成的。

不同类型的幼儿园课程之间的差异性主要体现在其教育哲学和教育目标两个方面，即两者之间导向的目的存在很大的差别，不仅要培养儿童的社会性特征，还要帮助儿童学习某一专业学科领域的知识和技能。此外，这两者之间的差异还体现在教育为未来生活做准备的方面，其存在两种不同的观点和主张。一种观点认为，对于儿童今后的发展来说，要以儿童的生活经验为中心，设计的课程计划要与儿童发展的特征相契合；还要重视儿童的实际发展需求与其兴趣爱好是否一致，简单来说就是，幼儿园课程要为其今后的中小学课程做好铺垫和准备。另一种观点认为，儿童的学前教育是为其今后的发展做准备。幼儿园课程的设置要与整个教育体系保持连续性和一致性，要为儿童进入中小学提前做好准备，让儿童能够尽快地适应中小学的课程教育，因此设置的幼儿园课程要与中小学课程保持连贯性。

教育目的的差异性特征与儿童发展的特点基本上是保持一致的，简单来说，就是在儿童发展期间不同的教育目的都对应着不同的理论观点。科尔伯格（L. Kohlberg）与梅耶（R. Mayer）在其研究中认为，根据儿童发展理论可以将幼儿园课程分为三种流派。

第一种流派的代表人物以卢梭和弗洛伊德等为主。他们是浪漫主义理念的代表者，他们认为发展就意味着成熟，而教育发展是指受教育者的内在的能力和美德发展到了成熟的程度。根据浪漫主义理念，幼儿园课程具有准备状态的特点，可以通过一些发展性实验来检验儿童的心智是否成熟，对儿童的准备状态进行鉴定。

第二种流派认为，文化传递理念就是人类会将传统的知识技能、价值观以及社会道德规范传承给后代。行为主义理论认为，儿童学习和掌握的各种知识技能都是从以往学习经验中得到的。按照文化传递的理论，需要对幼儿园课程进行测试，验证其能否传授给儿童所需的知识和技能，对其教学水平和质量进行鉴定。

第三种流派的代表人物主要有杜威和皮亚杰等。他们奉行的是进步主义理念，这种理念认为，教育是为了帮助儿童在物质和社会环境中得到更好的发展与进步，这种观念促使教师在教育过程中要考虑儿童今后的发展。因此，按照进步主义理论的相关论点，要根据儿童发展水平来设置幼儿园课程。其主要目的在于帮助儿童获得活动经验，为儿童今后的发展做好准备和铺垫。

由于不同的学术流派在教育哲学、社会学以及儿童发展心理学方面存在很大的争议，对于幼儿园课程尚未达成统一的共识。但大多数学者认为，幼儿园课程就是连接教育理念和教育实践的纽带和桥梁，幼儿园的教育实践不能仅以教育学和心理学理论为指导，应在教育过程中更多地加入教育实践活动。

在实际情况中，关于幼儿园课程在教育哲学、目的以及儿童发展方面，不同的流派对某一观点持完全相反看法的情况是十分罕见的，即使这些学者的流派不同，但是其在观点和看法上还是有一定的相似之处。因为各流派在幼儿园课程上的主要争议在于教育哲学、目标以及儿童发展方面的认知和理解程度，所以才会形成不同的理论观点和看法主张；但各流派在课程理论实践方面都有相互认同的可能性，都认为理论最终是要通过实践去证实的。

由于通过不同的方法来体现不同流派对于幼儿园课程所持的不同看法和观点，因而幼儿园课程就需要在连续性教育过程中找到自己的定位。其中的一种极端看法认为，学前教育等同于儿童的自然发展以及儿童获得一般能力，而另一种极端看法认为学前教育等同于教师完成既定教学任务以及儿童获得预期的学科知识技能。不同观点在幼儿园课程上表现出来的差异主要体现在儿童能否获得自然发展和一般能力、教师能否传授预定的学科知识技能，以及对儿童未来发展打下的基础和铺垫程度等多个方面。

2. 幼儿园课程的目标、内容、方法和评价

幼儿园课程的目标是为幼儿教育指明今后前进的方向，而幼儿园课程的内容和方法是实现课程目标的主要方式，幼儿园课程评价是判断课程的结构是否达到预期的基础。幼儿园课程的基础理论架构一旦形成，课程目标、课程内容、课程方法以课程及评价等要素就会自然而然地形成一个有机的整体，其功能和价值就能得到更大的发挥。

如果幼儿园课程只重视教师能否为学生传授学科知识和技能，以及能否为学生进入小学阶段做好铺垫和准备，那么它就等同于学科科目。课程的目标就是帮助儿童掌握学科知识技能，为下一阶段的学习做好准备和铺垫。课程的内容就是学科知识和技能。课程以集体的方式进行传递，课堂的评价标准就是学生对学科知识技能的掌握情况是否达到预期的目标。

如果幼儿园课程只重视教师传递学科知识和技能的情况，那么就需要重点关注幼儿园课程的内容编制，即教材的编写；还要考虑教材的质量能否满足儿童在幼儿教育阶段的实际发展需求。

如果幼儿园课程只关注儿童的发展水平以及获取的一般能力，那么它就等同于幼儿在幼儿教育过程中获得的经验。幼儿课程的目标就是帮助幼儿在教育活动中，获得自己所需的经验，课程的内容就是与生活经验相关的知识和技能。通过小组或个体的方式实施课程，课程评价的主要依据就是教师的教学成果是否达到预期的目标。

如果只重视儿童发展水平和获得的一般能力，那么幼儿园课程的设定要重点考虑如何创设与幼儿教育相契合的教学环境，要将儿童发展状况和学习规律考虑其中，课程评价的标准就是教育水平和质量是否达到预期的效果。

综上所述，鉴于幼儿园课程不同的教育理念和价值取向，其都应该在连续性教育体系中找到自己的定位。但影响幼儿园课程设置的因素非常多，主要包括五个方面：第一，是课程目标；第二，是课程内容；第三，是教育方法；第四，是组织形式；第五，是课程评价。

第二节　幼儿教师的课程素养

一、素养与教师的课程素养

　　"素养"一词在《辞海》中的解释为"经常修习涵",在《现代汉语词典》中的解释是"修习涵养"。而《伦理学大辞典》对"素养"的解释为"自我修养"。现代对"素养"一词的理解大多是"人类在进行自我修养和锻炼的过程中达到的某种境界和高度"。"素养"一词的英译为"literacy",代表着识字能力的意思。自20世纪80年代以后,"素养"一词的概念被定义为日常交流能力,是指个体在某一领域长期积累的知识和能力。而素养不仅具有静态和先天性特征,还具有一定的动态发展特征。金建生、王嘉毅等在其研究中认为,教师的课程素养是指教师在教育实践过程中不断积累养成的与所教专业相关的经验和心得体会。教师的课程素养主要由三部分构成,首先是课程理念,其次是课程知识,最后是课程实践智慧。教师的课程理念是指,教师对于课程主体以及现象存在的认知和理解,能够在一定程度上反映教师的教育哲学和价值取向;教师的课程知识是指,教师在教育过程中知道如何使用某种方法来传授知识体系,并对传授知识的实践过程进行反思;教师的课程实践智慧是指,教师在教育实践过程中对课堂教学进度整体的掌控能力。它不仅体现在对知识的传授和引导能力上,还体现在对课堂教学纪律的掌控能力上。教师的课程核心素养在于教师具备一定的文化创造力，从而形成课程实践智慧，其主要作用在于引导教师进行课程创造和设计，有助于提高教师整体的教学质量和水平。

综上所述，教师的课程素养主要分为两个方面，首先是教师对课程知识、能力以及意识等方面的认知水平，其次是实践课程知识、能力以及态度方面的过程。幼儿教师素养的基础是课程知识，核心要素是课程教学能力，指导思想是课程意识和信念，三者相互独立、相互依存。

二、幼儿教师的课程素养

（一）幼儿教师的课程知识素养

在《简明国际教育百科全书》中将课程知识的定义分为两个方面，首先是单独学科包含的知识内容，其次是制定课程过程中涉及的所有知识内容。[①]舒尔曼在其研究中将课程知识定义为教师的教学工具，即不同学科的教材。这是对课程知识进行的广义定论，即学生在学习不同学科过程中使用的课程教材，简单来说就是在教育过程中涉及的各方面的教材和教育资源都属于课程知识的范畴。[②]由此可见，将幼儿教师的课程知识可以划分为以下三个组成部分。

第一，课程内容知识。如知道《幼儿园教育指导纲要》关于五大领域的规定内容，了解《幼儿园课程实施指南》中关于幼儿学习目标与指导要求的规定，知道关于国内外经典的幼儿园课程方案、国内流行的主要课程方案与教材，知道"儿童对教材中的每一个学科需要掌握的具体内容"，知道适合儿童的各种游戏知识。

---

① 江山野.简明国际教育百科全书·课程［M］.北京：教育科学出版社，1991：69.
② 姜美玲.教师实践性知识研究［M］.上海：华东师范大学出版社，2008：131.

第二，课程理论知识。一是课程哲学知识。理解各种课程与教材的价值取向，能够根据理论判断各类课程与教材对儿童的价值。二是课程设计知识。知道综合运用儿童学习理论、学科知识以及各种评价理论设计适宜的课程。比如，知道综合性课程的设计"可以是以一种物质（如植物）为中心加以组织的，也可以是以一个关键的概念为中心加以组织的，还可以是以一个本质性的问题（如天气如何影响生物的成长）为中心加以组织的"。[①]三是课程实施（教学）知识。知道与各类课程适宜的教学组织形式与教学方法和手段。如知道分领域课程在教学中需要进行整合，知道主题活动要以儿童的合作探索学习为主，等等。四是课程评价知识。知道关于课程方案评价、课程实施过程评价以及课程实施效果评价的量化评价与质性评价知识。

第三，课程资源知识。除了对大纲与教材的把握之外，还要具备开发与利用家庭和社区资源的知识，如对家长的兴趣、爱好、特长、志愿方向（愿意成为幼儿园哪个方面工作的志愿者）的了解，对幼儿园附近三千米内人文与自然资源的掌握，对社区志愿人士和专家的熟悉，等等。此外，还要具备利用同事资源和幼儿资源设计、实施与评价课程的知识。

（二）幼儿教师的课程能力素养

在关于幼儿教师能力结构的研究文献中，通常会将课程能力素养定义为教育或教学能力，即教师在教育实践过程中展现出来的专业能力。此外，顾荣芳还提出了创造性设计活动方案的观点，[②]江丽莉和黄丽君提

① 朱宗顺.美国幼儿教师教育的普通知识标准［J］.学前教育研究，2006（09）：54-56.
② 顾荣芳.从新手到专家：幼儿教师专业成长研究［M］.北京：北京师范大学出版社，2007：201-224.

出课程与活动设计的观点。①目前，学术界对教师的课程能力的定义存在一定的争议。教师的课程能力是指教师在课程教育实践过程中汇总展现出来的专业能力。课程能力对课程活动的结果有很大的影响和作用，其可以分为六个组成部分，即课程决策、整合能力、课程实施、评价能力、课程开发、研究能力。②王一军认为，教师的课程能力是指教师在完成教育任务以后，对其进行评价和管理展示出来的基本素质以及实践智慧。③综上所述，关于教师的课程能力的定义为，教师在开发课程实践过程中展示出的实现课程任务目标的专业能力。此外，课程建设体系工程主要由三个部分组成，首先是课程设计，其次是课程评价，最后是课程管理。④由此可见，幼儿教师的课程能力主要体现在以下五个方面。

第一，课程规划能力。目前，国家和地方都给了幼儿园相当大的课程自主权，对幼儿园和教师的课程规划能力提出了要求，包括制定园本课程开发方案、幼儿园课程实施方案等。第二，具体课程设计能力。其主要是根据某幼儿园的课程开发方案与课程实施方案进行课程选择、改编、整合与创编或生成的能力。因为幼儿园课程活动性与经验性的特点，更多的活动设计需要根据儿童的生活经验与师幼互动的过程对教材内容进行整合与生成，使课程真正成为教师与儿童生活意义的一部分。第三，创造性课程实施能力。它是指能根据具体的课程实施情境而做出大胆预测和及时判断、处理的能力，可以称为"课程教学能力"。它不同于纯粹的"教

① 江丽莉，黄丽君.幼儿园教师评鉴规准之探究［J］.内蒙古师范大学学报（教育科学版），2004（10）：12-15.
② 朱超华.新课程视角下教师课程能力的缺失与重建［J］.课程·教材·教法，2004（06）：13-16.
③ 王一军.三级管理框架内课程能力的实践诉求［J］.当代教育科学，2007（22）：10-13.
④ 廖哲勋，田慧牛.课程新论［M］.北京：教育科学出版社，2003：260.

学能力"，它不是把课程文本作为"标准答案"传递给幼儿，而是通过创造性课程实施为幼儿释放生命活力提供广泛的机会，也为教师自身创设一个充满挑战和激情的情境。教师在实施课程的过程中既要注意课程的结构程度，还要注意课程的弹性范围，使课程在教育活动过程中能够展示其原来的本质，并在合理的范围内根据实际情况进行修正和创新。[①]第四，课程资源开发能力。课程资源的选择要与儿童的生活学习环境相契合，要具有生活化和趣味化的特点，这样才能激发儿童对课程的兴趣，才能激发出更多精彩的观念。教师要对儿童的观念给出回应，这种回应不一定是针对儿童的提问，可以是引导儿童进行联想和想象，通过环境和资源来引导儿童思考所提的问题。比如，给儿童创设区角环境，要求家长与儿童进行互动交流合作，组织儿童去实地考察，等等。第五，课程评价和研究能力。它是指教师判断课程在改进幼儿学习方面的价值的能力。能够把教学、评价、研究融为一体，一方面，能运用档案袋评价、研讨式评价等质性评价方式自觉地判断幼儿的发展水平，不断调整教学计划，改进课程质量；另一方面，能通过行动研究和叙事研究形成"课程故事"自觉回顾计划制也订、课程实施的全过程，全面考察课程价值，并对自己的教育教学行为进行反思，促进幼儿的发展和自身的专业成长。

（三）幼儿教师所需的课程意识

1. 课程意识的内涵

意识是人的心理对现实生活的自觉反映。关于课程意识的定义，我国学界分别从儿童的生活世界、课程与教学的关系、哲学、心理学、课程开发等不同视角做过精辟的概括和总结。比如，吴刚平在其研究中认为，

———————————

① 朱家雄. 从教学活动的结构化程度谈幼儿园课程的设计和实施 [J]. 学前教育研究, 2003（10）：5-6.

课程意识是指人在接受教育的过程中对课程内容和课程意义产生的敏感性。[①]郭元祥在其研究中认为，课程意识是指教师在教育实践过程中，对课程的哲学思考和观点看法。课程意识对教师的教育行为方式、教学理念和生活方式有一定程度的影响和作用。教师的课程意识主要包括三个方面，一是主体，二是生成意识，三次是资源意识。[②]借鉴上述观点，可以认为，幼儿教师的课程意识是对课程系统的基本反映和"课程哲学"，表现在处理教育教学问题时对课程意义的敏感性和自觉性程度。其具体包括课程选择中的批判意识、课程规划与设计中的整体意识、课程实施中的弹性与生成意识、课程评价时的过程意识以及课程资源开发中的开放意识。同时，整个过程都要具备一种参与意识和反思意识。

2. 幼儿园教师课程意识的内容

（1）主体的参与和反思意识。

教师是参与课程和反思课程的主体。在教育实践过程中，教师拥有充分的自主权，可以在课程内容中融入自己的人生体会和感悟，以及归纳总结的有价值的经验。这样不仅能提高自己的创造能力，还能丰富课程的内容。

课程的主体是儿童。课程设置的依据是儿童的生活经历和生活环境，在实施课程的过程中要给幼儿展示自身能力的机会。反思意识是指教师对自己设计开发的课程给出自我评价，并对自己的教学行为进行思考，找出其中存在的问题并加以修正，以此来提高自身开发和实践课程的能力。此外，教师还要对影响课程设计与开发的各种要素进行思考，思考各要素是否对儿童的发展产生什么不良的负面影响，并及时想出应对策略。

---

① 吴刚平.教学改革需要强化课程意识［J］.人民教育，2002（11）：44-46.

② 郭元祥.教师的课程意识及其生成［J］.教育研究，2003（06）：33-37.

（2）课程选择中的批判意识。

幼儿教师面对任何一套新教材，都能够自觉地追问与质疑。如这套教材的价值取向是什么？与新纲要是否相符？它对儿童的发展有何意义？如何使课程对儿童更有意义？

（3）课程规划与设计中的整体意识。

课程规划与设计中的整体意识，即关注课程的总体育人功能，关注各类课程之间的协调与整合，关注与其他教师分工合作，共同促进儿童的整体发展。例如，规划课程时心中装着3～6岁儿童的整体发展目标，注重五大领域内容的均衡与整合；设计活动时不会拘泥于具体的"教材"，能够不断地"回到纲要和指南"，通过课程整合实现幼儿的整体发展。

（4）课程实施中的生成意识。

生成意识是课程意识的核心，它是把课程看成由一系列教学事件构成的动态过程，把教学看成师幼互动过程中课程的生成过程。一方面，能够打破对专家编制的课程的迷信，相信教师可以改造课程与创生课程，形成课程观；另一方面，在师幼互动中不断地对预设课程进行创造性的处理，如实施"分领域课程"时适时地进行整合与渗透，实施"综合性主题课程"能做到"实施过程的低结构化"，不仅融入自己的生活体验，而且让幼儿的"生活世界"进入课程，师幼共同创造课程的意义。

（5）课程评价时的过程意识。

课程评价时的过程意识即形成性评价的意识和发展性评价的意识，即认识到评价的目的是改善课程质量，促进幼儿发展，评价的过程要把教学、评价与改进融为一体，评价方式要以质性评价为主，等等。

（6）课程资源开发中的开放意识。

课程功能的实现受幼儿园、家庭与社区的网络系统中各种因素的影响。课程资源开发中的开放意识包括：第一，开放的教材参观。教材不是圣经，教材可以选择、变更与超越，教师与幼儿的经验也是教材的重要来源；教材参观不是唯一的，可以是丰富多彩的。第二，开放的教师观。幼儿、家长和社区志愿人士都可以在适当的时候成为教师。第三，开放的课程环境观。具有"充分利用自然环境和社区的教育资源，扩展幼儿生活和学习的空间"的意识。

三、教师教育机构提升幼儿教师课程素养的对策

关于教师专业发展的理论主要分为三个价值取向，首先，是教师专业发展的理智取向。其认为教师专业发展是建立在专业知识的基础上，要求教师通过不同的方式和途径来提高自身的专业素质和能力。其次，是教师专业发展的实践反思取向。要求教师对自己理解的课程内容，以及自己日常的教育实践工作行为进行反思，从而找出自己存在的不足与缺陷，使自己得到进一步的发展与进步。最后，是专业发展的生态取向。其关注的是影响教师专业发展的各种因素，比如，教师成长的环境等。从不同的宏观视角来分析研究不同制度和机构对教师专业发展造成的影响，比如，课程权力和工作压力等。基于以上三种取向，要从三个维度来提高教师的课程素养。

（一）课程知识的丰富

目前，已经出现了一批幼儿园课程理论的著作，建构了幼儿园课程的基本理论内容框架。这些著作都从整体上探讨了幼儿园课程的基本问题，包括幼儿园课程的概念、特质，幼儿园课程编制的基本原理，经典的早期教育课程理论与方案，幼儿园教育活动设计，等等。不过，目前高师的课程理论学习与专业能力发展没有很好地结合起来，学生在学习课程理论时普遍反映比较抽象，有必要加强教育理论课程与实践课程的整合，如提供丰富的实践案例帮助学生理解基本概念。教材是课程编制的成果，是

课程方案的具体化。学习课程类型、课程编制理论时，可以与经典的课程方案的教材结合起来（如分科课程、单元课程、活动课程的典型教材，目标模式与过程模式的典型教材）进行分析与研究；学习课程目标、课程内容、课程组织、课程评价相关理论时，与课程编制、课程开发或课程设计的故事结合起来。课程开发是一个长期的活动，很难拍成完整的课程开发活动的现场录像，但幼儿园的课程开发过程可以用课程故事记录下来，以供师范生学习。以课程开发的理论为例，借鉴吉田贞教学原理理解阶段的"教师研修步骤"，[①]课程理论知识学习的教学过程可以如下安排。第一阶段，结合课程故事或课程开发活动的片段录像，通过教师解释、学生思考、学生进一步收集阅读故事来帮助学生理解课程原理中的概念与要点。这一阶段包括"观摩—思考—行动"三个方面，可首先观摩故事，教师解释课程原理中的概念与要点；其次在课程开发的各个阶段，请学生思考下一步该怎么办；最后是请学生收集幼儿园的课程开发故事，做进一步的阅读。第二阶段，在阅读优秀的课程开发故事的基础上，学生模仿、判断并根据情境进行课程开发练习。第三阶段，学生学习课程故事的基本要素，分析课程故事中的重要情节，并对各类课程故事中的教师行为做出评论。第四阶段是课程开发的见习。第五阶段是课程开发案例的收集与整理。此外，教学法课程都要补上课程资源的开发与利用这一缺失。

（二）课程能力的提高

1. 师范教育的实践课程中加强课程能力方面的实践练习

目前，师范教育的实践重点是教学（课程实施）能力的训练，对于课程选择、课程设计、课程资源开发等方面的能力训练还没有引起重视。如

---

① 钟启泉.现代课程论：新版［M］.上海：上海教育出版社，2004：528-530.

一般的实践作业只是要求完成多少个教案，听多少节课，只关注学生学习设计单个教学活动，进行单个活动的教学实践。假如学生写了10个教案，组织了10次活动，你要他说出为什么选这些内容，这些内容间有什么联系，学生往往说不出来。要通过改革实践课程给师范生提供更多的课程实践机会，如提供参与幼儿园的课程选择研讨的实践机会或模拟实践的机会以提高课程选择、教材评析的能力，从而为今后的创造性实施打下基础。例如，对国内外流行的幼儿园教材进行全面的评价；从国内外流行的几套教材中为某园选择适宜的教材；针对某园的课程资源条件为该园设计园本课程（包括为园长写课程实施方案、园本课程规划方案，或为某个年段的教师制作学期计划、设计系列主题活动等）；制定课程资源开发与利用方案；按照自己设计的园本课程开发方案实施，并通过形成性评价改进课程方案。幼儿教师可以通过园本课程设计的实践提高课程创编能力。笔者认为，基于幼儿教师课程能力发展的实践课程指导可以进行如下安排（以课程开发能力为例）。第一阶段，课程活动的观摩及记录。为学生提供尽可能多地观摩课程实践活动的机会，包括课程教材选择、课程方案研讨、创造性课程实施、课程评价与课程资源开发等活动。学生通过观摩笔记，形成自己的见解和方案，并与相应的教师交流。第二阶段，在实习期间结合幼儿园的实际与班级的实际进行各种课程实践，并做出反思性记录；撰写自己的课程故事，与指导教师交流。

2. 教师培训应着眼于促进"教师成为研究者"

进入21世纪后，国外新的课程理论不断出现，一部分幼儿园充分利用国家赋予的课程自主权，引进国内外的"优质"课程资源，在引进的过程中遇到了许多问题。如一些大城市幼儿园成了各种课程理论的试验田，一种理论尚未消化，另一种理论又进来了，跟风现象严重，导致教师无所适从。高校、教科研机构、地方专业团体、协会等应协调起来，担负起为幼儿园提供持续的专业支持的责任。例如，教育行政部门要为幼儿园之间组建国际的课程信息、资源共享机制，实现相互的专业支持；高校要建立与幼儿园合作的幼儿教师专业发展学校；教研室应及时转换功能，从以前的教学研究与教学指导转变为课程研究与课程指导的中心：收集国内外幼儿园课程改革的故事，为幼儿教师的课程实践提供借鉴。开发幼儿园新课程改革网站，开辟公共论坛和虚拟教研室，对幼儿园或幼儿教师课程实践中遇到的问题给予及时的解决。

（三）课程意识的形成

1. 职前教师教育中的课程意识启蒙教育

首先，教师教育课程不仅要考虑如何以新的课程知识和能力"武装"师范生，而且要培养师范生的课程意识，包括课程选择中的批判意识、课程规划与设计中的整体意识、课程实施中的弹性与生成意识、课程评价时的过程意识以及课程资源开发中的开放意识。可以给学生提供恰当的课程实践案例，组织学生参与课程实践、反思课程实践。高校教师要把自己放在课程改革引领者的位置，在自己的课程中进行改革，引导师范生思考每门课程的价值与意义："为什么要开设这门课程？如何批判性地看待我们的课程与教材？我们可以对教材做哪些改编？……"这样，师范生毕业后面对专家编写的幼儿园教材才会自觉地追问："这本教材对幼儿有何价值？为了全面促进幼儿的发展，我要怎样改编？如何实现课程的综合化、生活化？"要让学生认识到幼儿教师不是专家编制课程的传声筒，而是创造性的课程实施者，也是课程的创造者。其次，培养具有课程意识的高校教师。

在教学中不能把教材当作圣经，而要能根据师范生的情况调整自己的课程设计，能充分利用课程资源实现课程目标。

2. 教师培训着眼于教师"自我教育力"的提升

教师养成科学合理的课程意识，是在自觉意识观念的基础上演变而来的。幼儿教师只有重视自身专业发展状况，才能在幼儿教育事业中发挥更大的价值和作用，才能为幼儿教师课程素养的形成和发展创造有利的环境与条件。自我教育力是课程素养形成的源泉，是教师课程意识提升的内在动力。它是指提高自己、变革自己，使自己成大器的心理状态，它包括"上进心""自我控制力""重视与同事及学生的合作""开放性""自信"等特征。①

具有自我教育力的幼儿教师能将自身专业的发展视为一种需要，自觉地制定专业发展的规划。第一步，有意识地将自己当前的课程素养与参与新课程改革需要的课程素养相比照，明确自身的优势和不足，确定改进的领域和发展方向，制订专业发展的短期和长期计划。第二步，运用实际行动提高自己的课程素养，包括主动钻研课程理论知识，拓宽自己的理论视野，树立整合的课程观、实践的课程观、开放的课程观和生成的课程观。教师在学习理论知识的过程中，不能死记硬背，要根据自身以往的教学经验创设独特的学习场景。通过个性化的记忆和学习方式对课程知识进行解读，将自己想象成课程知识的编排者，这样才会在大脑中形成属于自己的知识架构，进而诞生个人课程理论。在合作课程行动中尽可能地提升自身的课程意识。积极主动地与其他教师交流心得体会，可以帮助自己快速找到解决教学困惑的方法，快速完成理论学习；以理论去指导实践，就能提高自身课程实践的能力。课程的本质在于，在特定的文化环境下进行反思和创新，从而重构和创造全新的文化价值。教师通过行动研究的方式将自己变成反思实践者，有利于提高自身以理论指导实践操作的能力，不仅有利于开发出有价值的幼儿园课程，还有利于教师今后的专业发展。第三

---

① 钟启泉. 现代课程论：新版［M］. 上海教育出版社，2004：508-509.

步，加强自身调节和监控课程素养的能力。通过编制课程的方式对自己的行为经验进行反思。生成课程意识的前提条件在于，教师拥有一定的反思和教育实践的能力。如果没有反思自己的理论就去指导实践活动，那么很难取得预期的效果；就算在表面上得到主体的认可，其课程素养的发展也很难取得实质性的进展。从课程的角度出发去反思，教师会对自己教学行为的合理性质疑，在教育实践过程中就会不自觉地审视课程经验以及教学效能，自己的课程意识就会从休眠或迷失状态升级为觉醒状态，自身课程素养也会得到质的飞跃。[①]部分学者认为，教师可以通过写工作日志和传记等方式，来强化课程教育实践反思的意识和能力。将自己以往的教学经历当成一面镜子，当教师与自己讲述课程故事的时候，自己那些看不见的课程思想就呈现在案例中；通过自我阅读或与同行及专家的集体交流与分析，就可以使课程意识逐渐清晰。

---

① 沈建民. 试论课程意识缺失的课堂表现及其培植策略［J］. 教育理论与实践，2009，29（04）：61-64.

第三节　作为幼儿园课程补充
形式的园本课程

目前，除了一些条件较好的省一级幼儿园，绝大多数幼儿园园长和教师还不能真正弄清什么是园本课程，以及园本课程究竟应涵盖哪些具体课程内容。下面我们将论述此问题。

一、园本课程

园本课程就是根据某幼儿园实际构建的课程。园本课程是以法律法规及相关政策为指导，以幼儿园现实的环境条件为背景，以幼儿现实的需要为出发点，以幼儿园教师为主体构建的课程。换句话说，所有以某幼儿园乃至本班幼儿的兴趣和需要为出发点，通过教师和幼儿互动共同构建的、有利于幼儿全面和谐发展的课程，都是园本课程。但笔者个人认为，好的园本课程或者说狭义上的园本课程应该是"量身打造"的、具有鲜明的幼儿园个性和地域特色的、符合《幼儿园工作规程》及《基础教育课程改革纲要（试行）》要求的课程。

二、全面建设园本课程的条件

园本课程的出现改变了以往幼儿园教师"教书"的现状。它要求幼儿园教师必须由过去的"照字读经"过渡到"编字读经"。工作量的增加、工作难度的提高，决定了全面建设园本课程必须具备以下条件。

（一）高素质的教师队伍以及能及时给予指导的幼教专家

以往的幼儿园教师面对的是现成的课程，教学内容、教学目标、教具大都是现有的，只要根据幼儿的年龄特征选择适当的上课形式就可以了。而全面开发园本课程，则要求教师根据幼儿的兴趣和需要生成主题，构建网络，安排活动的次序、内容，制作大量的教、玩具，设计相应的活动形式、游戏形式，乃至书写课程文本，等等。显而易见，这些工作的完成需要高素质的教师。同时，由于教师大多不具备编写教材的能力，在园本课程建设中教师除了要不断学习、不断提高自己的适应能力和业务素质外，还需要幼教专家，尤其是课程设计方面的专家、学者不断给予指导帮助。

（二）良好的经济条件

在设备设施方面，园本课程的开发大多是以班级为单位进行的。以往一个年级四个班可以共用一张图片、一套教具，而现在却是四个班生成四个不同的活动内容，需要的教具要比原来增加若干倍。教学活动所需的相关资料需要通过查书、上网查询、下载图片、摄影、录制DVD等获得。幼儿的活动形式由过去的被动接受变为主动操作、探索，而且需要大量的操作材料。同时，必须有宽广的活动场地，为幼儿提供自主操作、创造性发挥的足够空间。每个班级的活动场地至少要比原来增加一倍，还需要配备电脑、照相机、电视机、DVD播放机以及复印机等设备设施。

在师资力量方面，原来的2名教师、1名保育员（省一级幼儿园才具备，市一级幼儿园基本只有2名教师全天候跟班，完成保教任务）至少应换成3名教师，这样才能让每名教师每两天有半天时间查阅资料，准备教、玩具，并制定一些灵活多变的活动方案。

以上两个方面是全面开发、建设园本课程必备的条件，必须以良好的经济条件为基础。如果不具备这两个方面的条件，全面开发、建设园本课程就只能是一句空话。

第四节　幼儿园园本课程的内容和组织

　　课程开发的内容是课程开发的关键所在。从一定意义上来说，课程的所有问题都是内容问题，课程的设计、目标、实施、评价等一系列活动都是围绕着课程的内容展开的。园本课程内容的质量，对其能否实现开发目标具有绝对性的影响。因此，必须对园本课程内容的选择和组织进行分析研究。这样开发的园本课程才能对幼儿教育起到一定的指导作用。

一、幼儿园园本课程内容的选择

（一）引导幼儿从生活世界中发现、探究问题的内容

　　"人"，乃万物之本。自从人的足迹印刻在这个世界上之后，由人幻化的灵性世界便形成了。其间，人的生命种子在不断孕育，人的生命历程在不断延续，人的生命意义在不断丰富。在孕育中、延续中、丰富中，人走成了"一撇一捺"。"一撇一捺"间，人立于天地之间、生活之原上。生活的复杂性和多彩性供给了人存活的种种养料。杜威认为：不同的生命个体生活在同一世界中会形成一张巨大的关系网，感知个体的行为和思想才能更直观地感受到个体的生活和精神状态。个体的生命世界

是由个体不同的生活组成的。①简单来说，就是没有生活就没有人类，没有人类就不存在教育。胡塞尔认为，所谓"生活世界"本身就是一个非课题，其与自然态度有很大的联系，是将现实世界当成生活世界存在的前提条件，这一点是毋庸置疑的。而生活世界是一个有效的世界，这里的有效不单指某一意图或课题，而是针对所有普遍存在的目的。生活世界就是由这些生活目的构成的，它们具有一定的科学真实性，让生活世界变得更加真实、具体，能够让人类切身感受到生活目的存在的价值和意义，让生活变得更加美好、更加有意义。②生活世界具有明显的奠基性特点，一切关于生活世界的研究都必须建立在生活世界本身的基础上。此外，生活世界也是一个直观的世界，直观体现在日常和非日常两个方面。生活世界分为两个领域，首先是日常生活领域，其次是非日常生活领域。通常情况，日常生活领域是指生产领域，而非日常生活领域是指再生与非再生生产领域。赫勒（A. Heller）在其研究中将工作划分为两个部分，首先是日常生活，其次是非日常生活。人类赋予工作双重的含义，首先是赋予工作生活的含义，其次是赋予工作生存的含义。③日常生活是由个体生存与再生产各活动要素构成的，其主要分为三个层面，第一个，是日常生活获取的资源是为了生命的延续；第二个，是日常生活中的交往活动是为了交流情感和语言；第三个，是日常活动会产生不同的日常观念活动。④日常生活教育是指人类在日常交往活动中获得的生活

① 杜威.民主主义与教育［M］.王承绪，译.北京：人民教育出版社，1990：10.

② 胡塞尔.欧洲科学危机与超验现象学［M］.张庆雄，译.上海：上海译文出版社，1988：461.

③ 阿格妮斯·赫勒.日常生活［M］.衣俊卿，译.重庆：重庆出版社，1990：65.

④ 项贤明.泛教育论［M］.太原：山西教育出版社，2000：274.

经验和生活习惯，[1]日常生活教育的特征主要体现在三个方面，一是传统性，二是自在性，二是异质性。传统性代表着传统教育随着科学技术的发展进行的变迁，不论是教育内容还是教育形式，都能体现和反映不同民族之间的文化差异。自在性是指人与人之间进行的沟通与活动。异质性是指影响日常生活教育各要素之间相似和有差异的地方。非日常生活是指维持人类正常生产生活，以及其他再生产生活的总和。其主要分为两个层面，首先是有组织规模的社会活动，其次是个人的精神和生活活动。非日常生活教育的特征主要体现在三个方面，首先是创造性，其次是自为性，最后是同质性。人类在生活世界不同领域中开展的教育活动，其本质和意义存在很大的区别。人类最基本的生活是日常生活，只要是一个社会自然人，首先就要为了生存和发展开展日常生活。在日常生活过程中，受到的教育能够引导其更好地成长和发展，将更多的理想生活转化为现实生活。个体在日常生活中接受的教育活动具有社会化和个性化的基本特征。[2]

日常生活与非日常生活的划分，为我们审视教育活动提供了别样的视角，也为幼儿园园本课程内容的选择厘清了思路，那就是必须扎根于生活，特别是扎根于幼儿的生活。因为教育能够唤醒人的生命意识，而幼儿恰恰处于未成熟的状态中，他不可能长时间地将自身停留于"书本世界"，也不可能"两耳不闻窗外事，一心只读圣贤书"。他需要从自身的生活境遇出发去探索、去发现丰富多彩的世界，需要通过探索、发现来推动生长和发展的进程。事实上，幼儿是天生的好奇者、冒险家，生活中的一草一木、一石一鸟、衣食住行都是其积极实践的对象。生活世界是一个

① 项贤明.泛教育论［M］.太原：山西教育出版社，2000：275.
② 项贤明.泛教育论［M］.太原：山西教育出版社，2000：280-310.

出发点，延伸出幼儿眼中神秘莫测的生活视点，并从不同的方向折射出幼儿探索生活的种种路径，使幼儿的探索、实践与其真实的生活境遇发生关联。基于此，园本课程开发关注幼儿的生活方式，注重以幼儿的生活现实为基点，用眼睛去观察、用手去触摸、用唇舌去品尝、用大脑去思考，在积极探寻生活世界中感受、发现、理解生活的意义。

（二）尊重幼儿兴趣，发展幼儿个性，促进幼儿学习愉悦性的内容

众所周知，兴趣是人类学习和生活最好的老师。但很少有人去思考兴趣是什么，大多数对兴趣的概念是模糊笼统的——大家都知道兴趣的含义，但很难用准确的文字去形容它。从心理学的角度来看，兴趣有两层含义[1]。第一层含义，是个人对某一事物在内心的感受和看法，以及做出的选择。兴趣通常是由内而外的，不同个体在多个事物面前呈现出不同的兴趣。如果某一事物对个体产生足够的吸引力，那么就认为这个个体对这一事物非常感兴趣。第二层含义，是兴趣与动机的差异性。兴趣与动机有相似之处，都是个体的行为做出的内在选择。而两者的区别在于：动机是为了某一目标做出的行为，当目标未达成时会感到不高兴；但兴趣只是动机的一部分，并不会考虑是否需要达成目标。在课程学中，泰勒认为兴趣是学生在实践过程中得到行为上的满足感和心理上的成就感。[2]杜威将兴趣与愉快的活动联系在一起，将愉快分为两种不同的类型，首先是活动的伴随物。只要在某一场景或事物身上感到成就感、获得满足就是愉快的表现，这种愉快往往是精神上和身体上的愉悦。其次是个体在接触某一

---

① 张春兴. 教育心理学［M］. 杭州：浙江教育出版社，1998：294.

② 拉尔夫·泰勒. 课程与教学的基本原理［M］. 施良方，译. 北京：人民教育出版社，
1994：49.

事物过程中产生的愉悦的感觉，不是在活动中产生的愉悦感。[①]根据上述杜威阐述的观点，我们可以认为，第一种愉快的类型针对的是活动本身的效用，而第二种愉快的类型针对的是活动场景以及活动过程中产生的愉悦感。即由活动刺激主体内部对某一事物产生兴趣，以获得快乐和满足。这意味着在选择课程内容的过程中，必须考虑儿童的实际学习需求，选择的内容要能引起儿童的兴趣，要有一定的趣味性特点。那些发育不成熟的幼儿，其兴趣很容易受到外界因素的干扰和刺激，从而展现出多元化的兴趣特点，比如，在谈话中产生的兴趣、在探究事物中产生的兴趣、在制造过程中产生的兴趣以及在艺术表现过程中产生的兴趣等。[②]在多元化兴趣的推动下，幼儿对未知事物的探索欲和求知欲会被激发出来。在探索过程中儿童将成为主体，会积极主动地构建自己的知识架构，会不自觉地确定自己未来的发展方向。杜威曾认为：儿童对待新奇事物是非常积极主动的，教育的关键在于抓住他们对新奇事物的积极性和兴趣；只要加以正确的引导，就能将其引向正确的发展道路，其形成的价值观和知识体系才是有利于今后的成长与发展的。[③]

幼儿兴趣的特征反映在园本课程内容的选择上则是：园本课程内容的选择要关注幼儿的兴趣，关注个体差异，关注幼儿的个性全面、和谐地发展。当内容选择真正尊重了幼儿的兴趣与需要，真正关注了幼儿个体差异的时候，每一个幼儿的个性才会在自身内在目的的指引下发展，才会使自己独特的潜能和价值得到充分表现，由此选择的课程内容才是个性丰富的课程内容，才能激起幼儿学习的动机，有利于课程目标的实现。园本课程

---

① 杜威.学校与社会：明日之学校［M］.赵祥麟，译.北京：人民教育出版社，1994：174.

② 杜威.学校与社会：明日之学校［M］.赵祥麟，译.北京：人民教育出版社，1994：34.

③ 杜威.学校与社会：明日之学校［M］.赵祥麟，译.北京：人民教育出版社，1994：91.

内容的选择以幼儿的直接兴趣为出发点，通过生活的感知、生活的发现、生活的探究、生活的体验引发幼儿从外在兴趣向内在兴趣转化，由虚构的兴趣走向真实的兴趣。而为保有这一份"内在"与"真实"，教师的使命就是为幼儿的学习创设条件，提供机会，顺应和支持幼儿的各种质疑、各种问题，为幼儿呈现能够激发其内在真实兴趣的各种活动，引导幼儿与周围人、事、物相互作用，培养其独立、坚持、自信、进取、求知等品质，挖掘每一个幼儿的闪光点，让不同的幼儿体验到不同的成功经验，孕育不同的、多样的个性特征。而不是单纯依靠华丽的手段或工具促发短暂的激情；也不是为了掩饰对于某些问题的"无知"，采取无动于衷、讽刺、斥责等方式慢慢消磨幼儿的好奇与兴趣；更不是单一课程内容下幼儿个性的泯灭。总而言之，幼儿学习经验的选择过程本质上是每一个幼儿自我选择、自我内化的过程。它是以幼儿的兴趣和需要为基础，以幼儿的个性发展为目标的，园本课程开发的内容必须以此为选择的旨归。

（三）体现幼儿所在家庭、园所、社区文化，富有教育意义的内容

就园本课程开发而言，其内容选择的来源是广泛的。除关照幼儿的生活世界及其内在兴趣外，幼儿所在家庭、园所、社区文化也是不可或缺的一项指标。因为文化中流淌着人类的智慧和追求，而园本课程开发是基于幼儿园自身开发的、蕴含了幼儿园自身宗旨和思想的课程发展，是致力于形成和体现幼儿园特色的课程发展。据此，课程资源的挖掘必须体现幼儿园自身的文化，它是幼儿园本质力量的具体展现。与此同时，园本课程开发也强调家庭、园所、社区间的互动与合作，它是一项多元参与、集体配合的工作。在课程内容选择中，不同的社区、不同的家庭拥有不同的文化资源、文化环境，而教育本就是一项深受环境影响的活动，每一个幼儿的发展都必须依附一定的文化环境和社会关系。因此，园本课程内容的选择必须依据其自身的教育目标，针对它服务的对象，反映它所在环境的文化特色和资源，必须强调家庭、园所、社区文化的融合，强调幼儿生活于家庭、发展于幼儿园、成长于社会，强调将那些体现幼儿生活经验、富有教育意义、家庭意蕴的文化选取为课程内容，将那些展示幼儿园特色与宗旨的文化设定为课程内容，将那些反映社区自然地理、风土人情、幼儿感兴趣的文化和活动设置成课程内容。从生活中最亲近的家庭到园所，再到社区，在幼儿成长的文化环境中帮助幼儿与现实情境相联系，培养其关心、同情他人的情感，与他人合作的意识以及丰富的人性和社会性。

（四）体现多元文化特色的内容

众所周知，在漫长的岁月中，人类创造了各具特色的民族文化，并共同构成了丰富多彩的世界文化。我国悠久的历史和辽阔的地域不仅孕育了56个民族，也孕育了不同地区各异的经济和文化，多种文化并存着、发展着，并在日益频繁的世界交往中成为其中的"一元"或"多元"。面对这种多元文化的趋势，园本课程开发做出了及时的回应，试图突破原有文化模式的束缚，汲取更为营养的，来自不同民族、地域、种族、阶层、性别的文化，强调课程设计应采取多元文化的观点，让各种文化都能为学生所接触、理解、尊重、欣赏和维护，将多族群与全球观点整合于课程之中，教导有关族群、国家的文化差异与贡献。也就是将多元文化的理念展现在园本课程开发的各个环节中，尤其是内容的选择中，不是只基于一种文化，也不是只寻找族群间的差异文化，而是描述多种文化的经验，以开放的姿态撷取中华民族悠悠历史中的精华，以开放的姿态吸纳中华民族不同地域、不同民族的精髓，以开放的姿态反映世界文化的璀璨。帮助幼儿熟悉、了解、领悟生活中、活动中、游戏中以及班级、园所、社区的各种"多元化"，让幼儿通过直接经验、间接经验来感受、体验、创造多元化，如在反映地方特色的园本课程开发中，可选择不同民族的优秀作品加以介绍，并让幼儿逐渐体会各种差异与不同；培养他们对世界文化的理解和尊重，使他们在相互欣赏、包容、学习和彼此丰富的氛围中获得积极的文化认同与体验，如为幼儿播放一些反映各国风土人情、反映各国小朋友生活状态的录像片，促进不同文化在幼儿的精神世界中交汇。

二、幼儿园园本课程内容的组织

如果说内容是课程发展的关键所在，或将之比喻成课程发展的心脏，那么课程内容的选择是维持心脏跳动必需的营养。然而营养并不会自然输送，它必须通过一定的渠道、一定的途径、一定的方式才能到达。最初通过各种渠道收集的课程内容并不能将课程与活生生的"学习者"真正联系起来，如果想使课程内容真正鲜活起来，真正走向实践，与"学习者"亲密接触，就必须对课程发展中的各要素加以组织，从而成为一个相互强化的整体或系统，即课程组织。

（一）课程组织的含义

课程内容的组织（以下简称"课程组织"）虽是课程的下位概念，但对于这一产生教育效应的基本过程，专家学者还是给予了诸多的探讨和研究。一般来说，课程组织包含的范围广泛，它既包括课程组织，也包括教育过程的组织。在这里，我们主要讨论的是课程组织。事实上，对课程组织的理解往往取决于怎样理解课程。如果将课程等同于学科，那么课程组织就相当于学科知识和结构；如果将课程等同于计划，那么课程组织就是系统化结构的计划；如果将课程等同于经验活动，那么课程组织就是选择和编排经验活动。综上所述，对于课程含义的理解是多元化的，而对于课程组织的观点和看法也是多元化的。泰勒曾认为，课程组织就是将不同单元、学程以及教学计划整合成一个完整的程序，帮助学习者获得学习经验。[①]泰勒对课程组织的定义首先明确了课程组织针对的对象，即学习内容；其次明确了课程组织的形式，即集单元、学程与教学计划于一体的程序。在20世纪30年代，在经验主义哲学、完形主义心理学以及改造主义哲学的影响下，斯基尔贝克等在其研究中认为，课程组织就是教学系统与课程内容构成的要素，课程对这些要素进行排列和组合。这些要素主要包括以下几个方面，首先是教学计划方案和学习材料，其次是教学器材和设备，最后是教学水平与教学评价体系。其对课程组织的定义不仅考虑到了学生的个性化需求和发展，还考虑到了学生的兴趣爱好，以及学校、家庭、社会环境因素对学生造成的不同程度的影响。课程组织的核心就是学习经验和学习活动。

根据以上专家学者的观点和看法，笔者认为，园本课程组织就是将知识、经验与活动形成一个有机的整体，即将学习者、教育者和教学情景合理地安排在同一程序中对其进行调节和控制。其中，学习者是园本课程组织的价值核心，主要受到学生兴趣爱好、行为习惯、身心发展状况以及学习特点等方面的影响；而教育者是控制课程组织发展方向的主体；教育情况是开展课程组织的媒介。知识、经验、活动以及学习者、教育者、教育情境共同构成了完整的园本课程开发的组织系统。因此，处理好以上几者的关系，使之形成坚强的合力，是组织园本课程内容的首要问题。

（二）幼儿园园本课程组织原则

1949年，拉尔夫·泰勒在《课程与教学的基本原理》一书中提出了较

---

① 拉尔夫·泰勒.课程与教学的基本原理［M］.施良方，译.北京：人民教育出版社，1994：55.

具代表性的课程组织标准①。第一，连续性。连续性是指"直线式地重申主要的课程要素"。第二，顺序性。顺序性强调"把每一后继经验建立在前面经验基础之上，同时又对有关内容做更深入、广泛的探讨"。第三，整合性。整合性是指"课程经验的横向组织"。以此标准为鉴，结合校本课程实践，总结出幼儿园园本课程组织原则。

1. 连续性与顺序性

连续性反映的是纵向的、直线式重复陈述主要课程要素的原则。这一原则以幼儿身心发展的特点为依据，以选出的课程要素为线索，使幼儿在不同的学习阶段反复地、连续地操练某些特定的课程要素，在复习与巩固中逐渐扩大其学习的范围、加深其认识的程度。因为园本课程开发将课程目标指向幼儿个性全面、和谐的发展，所以课程组织就应该力求消解有碍于幼儿个性全面、和谐发展的各种因素，将幼儿与自然和社会真正的自我统一起来，使幼儿有机会体验、探索其中的奥秘，有机会反复地、连续地体会和感悟其中的乐趣，发展各方面的能力。顺序性是指将选出的课程要素按照认识的规律由浅入深、由易到难、由具体到抽象、由旧经验到新经验的顺序组织起来，后学的课程要素以先学的课程要素为基础，先学的课程要素拓展、延伸至后学的课程要素，环环相扣间实现课程内容的有效组织。

2. 生活化与游戏化

生活是教育的源泉，源源不断地滋养和孕育着教育的萌动与发展；教育是生活意义的展现，生生不息地传递和建构着人的生命价值。生活之于教育、教育之于生活如同鱼儿与水一样，无法分离。因此，园本课程

---

① 拉尔夫·泰勒.课程与教学的基本原理［M］.施良方，译.北京：人民教育出版社，1994：67.

组织应遵循生活化的原则：教育生活化、生活教育化。教育生活化意为将富有教育意义的生活内容纳入课程领域中，将幼儿的日常生活中符合其经验的知识和内容都纳入课程组织的结构中加以统整，加强教育与生活的联系，加强教育与自然、社会、家庭的沟通和接触，消解三重疏离，使教育重新回到感性的、具体的、现实的、流动的幼儿生活中来；生活教育化意味着在日常生活中，将幼儿已获得的原有生活经验加以系统化和条理化，使之趋向于完整和丰富，更好地促进幼儿的发展。由此，教育具有了生活的意义，生活具有了教育的内涵。而游戏作为"生活的一个最根本的范畴"，[①]作为幼儿最基本的活动，在教育生活化、生活教育化中也被赋予了真正的内涵。所谓"游戏化"是指通过幼儿喜爱的、充满乐趣的游戏形式来实现教学、活动的有序开展，实现幼儿的和谐发展。对幼儿来说，"游戏的真正价值在于：游戏是儿童理解他人、自己以及他所处的生活世界的手段"。[②]在游戏中，幼儿或假装，或虚构，或模仿，或创造，一切看似非平常、非真实的幻化在这里却给人以天然去雕饰之感，浑然天成中愿望与要求得到满足，自然、社会和生活中的"他人"得到联络，自我得到认识与升华。因此，游戏是幼儿生活的本身，生活化与游戏化是园本课程组织的基本准则。

3. 统整化与弹性化

统整即统合、整合、融合、成为一体之意。课程组织的统整化，就是将两种或两种以上的学习内容或经验组合在一起，使之成为有意义的整

---

① 胡伊青加.人：游戏者对文化中游戏因素的研究［M］.成穷，译.贵阳：贵州人民出版社，1998：270.

② 郭元祥.生活与教育：回归生活世界的基础教育论纲［M］.武汉：华中师范大学出版社，2005：178.

体。课程组织的统整化，注重课程要素之间的横向联系，旨在打破学科分割下知识支离破碎、相互分离的状况，增加学习的内化、类化与意义化，使幼儿更好地将所学的各种知识和内容融会贯通，对知识内容有一个整体的认识和把握。毕竟幼儿是身心发展的统一体，它对外界的反应是以"整个的"形式呈现的。因此，园本课程组织强调其统整性，强调课程内容与幼儿学习经验的横向整合，寻求幼儿知、情、意、行的相互协调、相互融合，以利于幼儿全面、和谐地发展。课程组织的弹性化，意味着在对课程内容进行组织时应具有一定的灵活性。这种灵活性一方面是针对园本课程开发本身而言的。幼儿园园本课程是根据当地的历史、文化、风俗习惯，幼儿园的办园宗旨、自身条件，以及幼儿的身心特点，在遵循国家教育纲要的基础上开发和设计的课程，课程取材的多元化需要因地制宜、灵活多变的内容组织形式与之相适应。另一方面是针对复杂多变的组织情境而言的。园本课程组织是一个动态的、开放的过程，其间充满着众多未知的因素，需要随时、随地、随人、随物，灵活机动地提供相应的教育；要善于发现幼儿感兴趣的事物，把握时机，适时引导，并通过多种活动、多种途径对幼儿进行教育。即所谓敏于体察、精于测析、审时度势、因势随教。

（三）幼儿园园本课程组织形态

1. 按学科领域组织

按学科领域组织课程内容是课程组织中较为常见的一种，它是"课程即学科"定义的解读和运用，是将课程内容按照其自身的性质和内在逻辑划分为若干个学科或领域并以此为单位组织课程的方式。在传统意义上，学科课程一般以分科课程的形式呈现，比如，2001年颁布的《幼儿园教育指导纲要（试行）》中便将幼儿园教育内容相对划分为健康、社会、科学、语言和艺术五大领域。虽然此五大领域并不是完全意义上的分科模式，是对原有分科模式在一定程度上的综合，但也可隐约捕捉到分科课程的影子。

按学科领域组织课程内容有助于幼儿系统地掌握所学知识，有助于基本知识和基本技能的学习，因为它将知识分成不同类别，为设计和组织知识提供了系统，为理解社会、物质世界和生物学世界提供了关键经验、探索的工具以及认识的方法。但过于严格的学科分割形式容易人为地肢解幼儿完整的知识和经验，在一定程度上违背了幼儿发展的特征，无法关注幼儿自身的兴趣与需要。因此，在幼儿园范围内，按学科领域组织园本课程内容不宜过多，比例不宜过大。

2. 按主题方式组织

主题是课程组织的一种重要形式。所谓"主题"，意指课程的某一单元、某个时段要讨论的中心话题。通过对这些中心话题的讨论，对中心话题中蕴含的问题、现象、事件等的探究，幼儿获得新的、整体的、联系的经验。而按主题组织课程内容，则是指围绕某一中心话题及话题的相关事件，选取相应的课程资源来组织课程的方式。此方式能够把各学科中与主题有关的内容，文学作品中与主题相应的素材，幼儿生活中的自然事件、社会事件等组织在一起，围绕着一个主题把学习者的学习经验整合起来，形成一个整合体。应该说，主题是一种人们试图突破长久以来学科结构禁锢的大胆尝试，它追求教育内容的关联与整合，追求主题网络中各个活动的关联与整合，追求幼儿认知、情感、意志的关联与整合。同时，主题成为课程组织的核心，向上延伸回归至课程的目标——幼儿全面、和谐的发展，向下展开发散至各个层级的活动，发挥着多层次综合的功能。

主题是带有价值判断色彩的组织结构，其核心特质往往蕴含于不同的问题、现象、事件中。不同的设计者和组织者会对主题产生不同的理解和演绎，从而形成不同的主题网络。因此，对于园本课程组织来说，以主题的方式进行，第一，是确定活动的主题。根据幼儿已有的知识、经验、兴趣、爱好、年龄特征等灵活地选择和编制不同的主题，根据教师与幼儿的深层互动选择和生成不同的主题，根据幼儿园与教师的现实境遇适当地选择和确定不同的主题。也就是说，在选择主题及相关内容时，必须具有一定的组织原则。第二，构建主题活动。它包括主题资料的收集、整理和规划等方面，它主要解决的是主题内容的设置问题。第三，形成主题方案。如活动计划的安排，环境的布置，教学方法、教学手段的选择，教学资源的配备，主题网络中各种问题、现象、事件的合理组织，等等。第四，开展主题活动。第五，完善主题活动。设计与编制的主题活动是否达到了预期的效果，是否真正有益于幼儿的发展，会在此阶段通过各种手段得到检验，在边实施边检验、边实践边反思的历程中主题活动趋于完善。值得注意的是，幼儿作为具体的发展个体，自始至终展现于整个主题的选择、确定、形成、开展与完善中。换言之，主题的选择以幼儿现阶段的发展水平为起点，主题的确定以幼儿的进一步发展为延续；幼儿既是主题的提出者、构想者、推动者，也是主题活动的参与者、发展者、完善者。

第
二
章

幼儿园园本课程
开发的基点

第一节　幼儿园园本课程开发的基本概念

　　幼教界对园本课程等概念的认识或多或少都存在片面或误解之处，有必要加以澄清：园本课程是一个"管理概念"，它不是幼儿园"自行开发"的课程，而是"自主确定"的课程；我国现阶段幼儿园内不存在具体形态的国家课程，但宏观政策层面的国家课程仍然存在；园本课程开发不光是原创性的课程开发，它包括课程选择、课程改编和课程创新多种形式，而对优质课程的"适应性改编"应该成为园本课程开发的主流；幼儿教师是园本课程开发活动的权力主体，但权力要在纲要的宏观规范下行使，地方教育行政部门要通过对园本课程规划方案进行审议以引导园本课程开发的健康发展。

一、关于园本课程与园本课程开发内涵的不同观点

（一）关于园本课程内涵的不同观点

　　现阶段园本课程概念在理论学界存在不同的看法，且主要集中在概念的存在本质上；研究人员对园本课程是否应该存在于教育课程中，且幼儿园内是否有教育课程等问题存在争议。

　　第一个观点：园本课程是幼儿园教育课程中具有自由属性的课程，不必引入教育课程。

李季湄老师等首次提出该观点，与之本质相同的观点并不多。李季湄认为，幼儿园课程属于一种宽松式的教学内容，主要配合幼儿的情绪、情感以及主观感受，并不用效仿国内中学、小学来设置专门的课程。换句话来说，幼儿园课程中不包含国家课程和地方课程。由于幼儿园课程是园本课程的一种类型，没有必要加设园本课程增加幼儿的学习压力，也没有必要将课程名字附着上园本课程的枷锁。同时，李季湄老师避免将幼儿园课程概念与园本课程概念混为一谈，提出园本是幼儿园课程本身就具备的属性。此外，我国现阶段的教育体制是根据国务院颁发的教学大纲，设置教学目标、教学内容以及教学原则，地方教育部门对规定进行落实，执行意见。而幼儿园区别于小学和中学，它接收到国家的大纲要求之后，根据地方的执行目标来合理地设置课程和教学安排。幼儿园课程的主导者是幼儿园，幼儿园课程就是园本课程。上述观点看到了幼儿园对园本课程的自主权，并以此为基础分析园本课程与幼儿园课程的关系。那么，幼儿园对园本课程具有完整课程自主权吗？

第二个观点：园本课程是幼儿园课程的分支，园本课程与国家课程结合之后产生幼儿园课程。

一般来讲，幼儿园课程中包含国家课程、地方课程以及园本课程，比如，语言、音乐、社会等性质的新课程，但是幼儿园中具有自身属性的课程是园本课程。如袁爱玲老师认为，园本课程要具有民主性、开放性、独特性、完整性和发展性几个特征，也就是说，园本课程是"以幼儿教师为主体建构的""独特的""完整的"课程体系，"开发者往往也是实施者"。袁爱玲老师对现阶段幼儿园课程的现状进行分析，发现幼儿园课程主要分为以下几种：第一种，是课程内容、教育理念以及教学设计等体系相对完善的园本课程；第二种，是按照国家课程的教学目标和理念，对课程内容进行自主调整的园本课程；第三种，是主要的教学要素都引用国家课程，只在课程设计上进行适当的调整和修改，并不具备自身属性的园本课程；第四种，是专门针对幼儿的某一项内容进行训练和教学，忽视了全面发展的重要性的园本课程。显然，上述观点认为，目前幼儿园内园本课程与国家课程并存，如果只对国家课程的内容进行改编，只能算狭义的园本课程，如果只对国家课程的教育理念、课程内容以及课程教学组织形式进行改编，则算不上园本课程开发，她表达出对幼儿园进行全新的课程开发的肯定。持这种观点的人比较多，如有人认为"幼儿园必须首先保证实施好国家课程，即要贯彻执行好纲要的规定和要求，才有开发园本课程的必要，因为园本课程毕竟只是对国家课程的补充"。[①]笔者也曾认为目前幼儿园内仍然存在（强制性的）国家课程与地方课程，因而参照李辉等的定义把"园本课程"界定为：幼儿园根据自身的办学宗旨、教育理念和幼儿的特点而自行开发或自主确定的除国家课程与地方课程之外的那些课程。那么，我国现阶段幼儿园内部存在具体形式的国家课程吗？

（二）关于园本课程开发概念的各项观点

针对园本课程概念存在的看法主要表现在课程的园本实施、幼儿园的权力和参与主体位置的归置等方面。

观点1：园本课程是幼儿园教师群体接触的创新性课程结构。

虞永平老师作为该观点的代表人物，对园本课程与园本课程的概念进行划分。他提出，园本课程是在多项课程中确定一项课程；或者是作为引用的目标，在课程中添加自我意识的课程结构；或者是自主开发的课程，即园本课程。[②]对于这一观点的解释是幼儿园自主开发和创造的课程

① 高灿芳. 幼儿园园本课程的管理策略研究：以昆明市第三幼儿园为例 [D]. 昆明：云南师范大学，2006.

② 虞永平. 园本课程建设之我见 [J]. 幼儿教育，2004（09）：4-5.

才是园本课程，而自主开发和创新的概念是创新性的课程改编，不包括课程的筛选和更新。虞永平老师认为，园本课程的概念是将国家的法律法规作为政策性的引导方针，结合幼儿园的教学环境现状，根据幼儿园的教学需求，教师有针对性地开发和创造出的课程。他还着重强调，园本课程并不是从外界环境中引入的课程，而是在内部环境中自主开发的课程。认同该观点的研究人员众多，本质性的园本课程是在幼儿园的教学环境中经过千般锤炼，与幼儿园本身环境和文化相适应之后形成的课程体系。幼儿园本课程是立足于幼儿园自身的文化背景，进而实现自我教育的一种课程体系。幼儿园园本课程需要幼儿园教师的参与，并不断地实验、调整和总结，以实现自我进步和发展，进而形成具有自身文化特色的课程体系。

观点2：园本课程开发包括课程园本化。

左瑞勇将课程园本化的教学模式归属于园本课程开发的范围内，不过在进行课程园本化时幼儿园只能作为参与者，不能作为权力所属者。他提到，园本课程开发是以幼儿园自身为发展基础来开展课程开发的过程。基于此，我们主要从两个方面来对园本课程开发的概念进行分析：首先是课程的园本化，其次是园本课程开发。课程的园本化强调，将幼儿园作为园本课程的参与主体，来进行教学活动的过程；而园本课程开发则是将幼儿园作为权利主体，幼儿园来主导课程的开发过程。该观点囊括的范围较广，能够面向整个幼儿教育环境来进行课程开发。但是由于幼儿园课程中包含国家课程，在对国家课程进行园本化的开发时，幼儿园没有开发课程的权力，只能作为参与者来对教学设计进行调整和改编。若将园本化开发的概念进行变化，那么就是将幼儿园作为开发主体的过程，即园本课程开发。以上的观点中提及的课程园本化属于上位者的概念，而园本课程开发属于下位者的概念，两者之间存在层次差别。

二、对园本课程与园本课程开发概念的澄清

（一）园本课程属于管理学分支中的一个概念

园本课程概念最早起源于三级课程管理体系中的校本课程。国家的课程教育体系主要由国家课程、地方课程与校本课程组成，体系中的课程概念由管理学角度来进行定义。课程体系中的校本课程、地方课程和国家课程在本质上的区别是权利主体的区别。换句话来说，由学校作为权利主体进行定义的课程，无论学校是否参与了课程的改编、筛选、编写等，都归属于校本课程。李辉认为，校本课程能从两个角度来进行概念定义，第一种角度，是学校根据自身的教育宗旨，结合自身的教学需求和目标来自主开发的课程内容；第二种角度，是校方根据自身的教学目标、教育原则和课程需求来自主定义的课程。第一种角度是从课程开发主体来进行概念定义的，第二种角度是根据决策主体来进行定义的。我国的校本课程概念引用的是管理学概念，主要从决策主体角度来进行概念的定义。园本课程的概念是幼儿园根据自身的教学原则和目标，结合自身的教学需求和幼儿的发展需求制定的课程。在基础教学课程改革大纲中要求学校进行的课程既可以依赖自身开发，也可以从课程大纲中进行筛选。幼儿园的教学环境过于特殊，专家认为从管理学角度出发，由学校自主开发形成的课程不符合我国教学环境的发展需求，偏离了方向。

园本课程等同于校本课程，应当从管理学角度来进行概念的定义。因此，幼儿园应当作为权利主体来进行课程的开发，进而开展园本课程。幼儿园自主开发的课程，无论是否参与了课程的筛选、改编、编写等，都属于园本课程。而站在狭义的角度来对园本课程进行概念的定义或者范围性的拓展，都会影响教育课程的开展，从而影响园本课程的开发，不利于正向的教学导向。

此外，校本课程是管理概念也意味着它不是一种具体的课程形态，与校本课程对应的概念应该是国家课程、地方课程，而不是具体的课程门类，不能用"语文校本课程""其他校本课程"之类的概念来表示。同样地，园本课程作为管理概念也不能指某种具体的课程形态，所谓的"幼儿园生态式美育园本课程""潜能园本课程"等说法都是对"园本课程"概念的误用。正如幼儿园课程的"定义、类型、结构、设计与实施的研究较多地引用了普通教育的课程理论，没有对普通教育的课程理论与幼儿园课程理论的实质性差异进行深入研究"，园本课程的概念也是移植的结果。移植时首先要弄清校本课程概念的真正内涵，其次结合幼儿教育的特点赋予园本课程独特的内涵。

校本课程开发是指学校根据自己的教育哲学思想，为满足学生的实际发展需要，以学校为主体进行的适合学校具体特点和条件的课程开发策略。校本课程开发是由学校自主地来对课程导向进行选择、设计和开发，其中包括课程的筛选、编写以及创新等多样化课程，不仅包括学校作为主力来编写课程，还包括多种形式。吴刚平教授提到开发这一概念并不仅仅是字面意义上对课程形式的创新，还包括教学目标的确定、课程体系的建立以及课程标准的规范等，属于一整个教学系列的创新性开发行为。校本课程的开发方式多样化，包括课程的筛选、课程的编写和调整、课程内容的完善以及课程的创新性延展等。

校本课程开发有以下几种实践形式：筛选、调整、整合以及创新模式。这几种模式覆盖了校本课程的所有开发类型，且开发程度是逐层递进的，操作难度上也是呈递增的形式。同样地，园本课程开发也可以界定为幼儿园根据自己的教育哲学思想，为满足幼儿的实际发展需要，以幼儿园为主体进行的适合幼儿园具体特点和条件的课程开发策略。它是幼儿园对自主确定的课程进行整体规划、设计、实施与评价的过程，具体包括课程选择、课程改编、课程整合和课程创编等各种实践模式。各幼儿园既可以根据自己的实际能力选择实践模式，也可以综合采用各种模式。不具备实践条件的幼儿园可以综合国内外优质的教学资源来进行合理的配置和引用，或者是经过筛选后直接使用。具备实践条件的幼儿园可以对课程进行园本化，并在此基础上进行调整和优化，力求满足幼儿园教学条件和学生的学习需求。一般来说，幼儿园的课程开发模式基本上围绕这两种模式来进行，具有实践条件的幼儿园会对课程进行创新性的调整和开发，从而提高教学效率和教学水平。筛选模式中主要是为幼儿园教学环境添加更优质的教学资源；调整模式是为了在原来的教学课程基础上来进行优化，从而更贴合教学需求。而专家作为课程开发的主体对象，幼儿园作为开发的二次主体，都应当根据幼儿的学习需求来进行课程的创新和调整。

（二）幼儿园教师是园本课程开发的权利主体

校本课程开发包括校本课程开发和国家、地方课程校本化实施两个层面。校本课程开发是幼儿园作为权利主体，按照国家的课程大纲、教学要求来进行限制性的开发，学校能够自主地对课程进行优化和调整，最终开发出来的课程被称为"校本课程"；课程校本化实施是学校作为参与者，结合自身的教学环境对国家课程进行校本化实施的改编，国家是课程开发的权利主体。值得注意的是，园本课程开发和课程园本化两者之间的关系正如吴刚平教授所说，在进行课程园本化实施时，幼儿教师与幼儿园一样，只能作为参与者来进行园本化实施，但是忽视了现阶段我国在园本课程开发以及校本课程开发层面的概念差异。

站在国际教学角度来分析，校本课程开发基本上可以划分成两种类型：第一种，是由国家或者州政府来颁发，对课程的数量、标准进行原则性规定；第二种，是中央集权型国家中央政府规定基本的课程框架和体系，将课程的基础架构确定清楚，剩下的部门由学校自行决定。我国属于中央集权性国家，校本课程开发属于第二种类型。站在中小学的角度来说，国家课程占据了课程的基础板块，学校能够进行自主课程开发的范围有限。幼儿教育不归属于义务教育范围，国家和地方的教育机构只能站在宏观角度来对幼儿课程进行政策性的引导，幼儿园内部开展的课程内容都应当依赖幼儿园内部来进行自行地选择、改变和创新。所以，园本课程开发与校本课程开发进行比较，在进行园本课程开发的过程中，幼儿园教师是权利主体，对幼儿园内开展的课程具有绝对的选择和改编权力。需要强调的是，幼儿园课程的权力主体并不能随意确定具有商业性质的课程作为教学课程，或者片面地对幼儿的某一项特长进行训练和教育，从而忽视了幼儿的全面发展。幼儿园教师在开展课程开发时，要按照纲要的宏观政策作为原则性的导向，从而实现教育目标的落实。根据我国的教学政策，地方的教育机构和部门应当让幼儿园具备实际意义上的课程自主权，从而实现园本课程开发的正向发展。

三、几个概念的区分

（一）园本课程开发与校本课程开发

园本课程与校本课程都是由幼儿园自主创造的课程，园本课程开发与校本课程开发包括了课程的筛选、改编和创新、整合四种形式。但是两者在权力范围的确定以及策略的实施过程中还是存在本质性的差异。

1. 课程选择

幼儿园与学校是课程筛选的权力主体，不过两者在权力的覆盖范围上存在区别。园本课程开发只要在遵守课程大纲的原则性基础上来选择适合幼儿全面发展、不违背教育目标本质的课程形式、教材内容，就能够满足幼儿的教学需求。校本课程开发主要是对课本的选择，在选择教学科目时应当在限制性的时间和空间范围内进行，比如，每周具有三个课时的课程科目在选择时是有限的，且不能超出该范围来选择科目。

2. 课程调整

幼儿园是课程调整的权利主体。学校在对国家和地方课程进行调整时，只能作为参与者来进行课程的特定范围调整，在对校本课程进行调整时才能转换为权利主体。园本课程开发中课程调整的对象不是国家课程和地方课程，而是幼儿园在现有的课程结构基础上运用的教学资源。园本课程开发可以把现阶段的课程内容作为出发点，从教学目标、课程内容、教学组织以及教学评价等方面进行全方位的改编、调整和开发，从而让教学环境内的课程更符合幼儿教学要求，实现幼儿的全方位发展需求。校本课程开发的课程调整对象是国家课程，或者是能自主开发的校本课程；对于国家课程的调整要求是不改变课程的教学本质和评价标准，在此基础上可以自行开发，调整的目的是让学生能够达到国家的教学素质标准，学校在国家课程内容的基础上进行内容的改编和结构的整合，实现教学目标。

3. 课程整合

幼儿园是课程整合权利主体，学校在对国家课程进行整合时是作为参与主体进行的，在对校本课程进行整合时是作为权力主体进行的。根据课程整合的需求，主要分为以下几种类型。第一种，是学科本位的课程整合。按照学科的本质教学内容将其划分为学科内部整合和学科外部之间的重组。要想保证课程整合的有效性，可以通过课程整合来实现学科特色的展现。儿童本位课程整合是根据儿童的自我认知程度、发展需求以及个人兴趣、情感培养来作为基础，为了儿童的全面发展来实现对课程的整合。课程整合可以分为主题学习和综合活动两个形式。第二种，是社会本位的课程整合。该过程重视社会经验的积累，以开展社会性活动为主，创建社会主题的活动形式，让幼儿、教师能够通过合作的形式来完成任务，从而对学生的主体性、创造性、探险性精神和习惯进行培养。在校本课程开发过程中以上两种类型是同时进行的，但是园本课程开发一般还是以儿童本科课程整合为基础。

4. 课程创新

幼儿园和学校都是课程创新的权力主体，但二者在课程创新中的权力范围不同。如果有实力，园本课程开发可以涉及整个幼儿园课程体系的创新。校本课程创新只能作为国家课程的补充，校本课程开发的比例在义务教育阶段控制在16%～20%（含综合实践活动）。主要原因是国家对中小学、幼儿园教育课程的目标执行标准不统一，以及课程针对主体不同。对于还没有接受义务教育的儿童，他们的发展水平受到年龄的限制，从而要有针对性地对学科知识内容进行锻炼和培养，且系统化的学科学习能够让他们巩固学科基础。学校的教育模式不同程度上让学生在升学过程中面临压力，学生在升学考试中要面临统一的教学考核，也让校本课程的开发只能局限于一定范围内的改编。对于幼儿教育来说，自我身心发展让课程不局限于对学科内容的学习，且学前教育没有升学压力，幼儿省去了升学考核，也让园本课程开发在范围上有着绝对的改编优势。

（二）园本课程与特色课程

1. 特色课程应该涵盖在园本课程之内

目前，许多幼儿园所谓的"特色课程"往往只是幼儿园课程很小的一部分，幼儿园往往为了标榜"特色"而忽视了对全园课程的整体优化，甚至只关注"特色课程"而忽视了园内正在采用的主要课程。虞永平教授认为，特色课程应该涵盖在园本课程之内，园本课程关注全面的课程建设，从外部简单添加的课程不能算幼儿园的课程特色，幼儿园的课程特色不是在现有的课程中加一项内容，像英语、计算机、识字、读经、珠心算等外在贴加的标签都不能算真正的特色，课程特色"是在踏踏实实地全面开展园本课程建设的过程中自然地呈现"的；特色源自内在的力量，不是外在贴加的标签，优秀内涵了特色。园本课程建设的核心不是简单的增减，而是在实践基础上的优化。优化的标准是使幼儿获得更好的、真正全面和谐的发展。

2. 园本课程可以发展为特色课程

幼儿自主确定的课程都是园本课程。园本课程不只意味着一个课程方案，它还意味着一个逐步建设、逐步完善的过程，不仅是一个各种课程资源得到开发、利用的过程，还是一个幼儿园课程自身的特点不断彰显、幼儿园特色日渐鲜明的过程，它会随着幼儿园的条件的变化而发展变化。如果幼儿园在实践中对选择的国内外专家编制的课程进行了长期的创造性实施，能够结合本园的办园理念和实际情况，在原有课程的基础上主动吸收外来课程文化的精华，弥补原有课程的不足，使外来课程为我所用，共同建构新的课程文化，这时引进的课程就在幼儿园生根发芽，成为幼儿园的特色课程，当然这个特色可能需要数年才能形成。欧美许多国家的政府给予地方和学校对课程的自主权，不同类型的幼教机构由于举办者在价值取向上的不同，实际采用的课程模式也不一样；每一所幼儿园的课程都可以说是园本课程，但只有在长期的教育实践中形成的独特的课程体系才能称为"特色课程"，如蒙台梭利课程模式、银行街（Bank Street）早期教育方案、方案教学（Project Approach）、瑞吉欧教育模式等。这些幼儿教育课程模式和理念都有其独特性，各自产生的原因、历史时期和条件也不同，都带有明显的地域特色。总的来说，园本课程有两种类型，一种是管理意义的园本课程，既可以是幼儿园自主选择与确定的任何课程，也可以是自主创编或改编的课程；另一种是课程编制意义上的园本课程，即由幼儿园自己创编或改编的课程。只有后一类园本课程才能称为某园的"特色课程"，特色课程一定是在该园逐渐生长起来的、有根基的课程。

第二节　幼儿园园本课程开发的特征

通常情况下，每一种课程类型的开发都要面临三个主要因素：社会发展、学科体系以及学生自我发展的需求，但是课程开发类型的不同让这三个因素的影响程度也存在差异。国家本位课程开发重视社会的发展需求以及学科体系的建立，不重视学生的全面发展；幼儿园本位课程开发将儿童作为教育主体，重视幼儿的发展和教育需求，尤其是重视学生的平衡发展，并满足了社会的教学需求。站在这一角度出发，将儿童作为发展的第一要素思想是两种课程开发类型本质上的差异，也表现了幼儿园园本课程开发的本质特征。

关于开发特征，其实是事物的属性、具有特定意向的一种表现。马什等认为，如何判断学校内部是否在进行校本课程开发以及校本课程是否开发成功，可以通过以下特征来辨别：第一，是校本课程的开发内容以完成教学目标为目的；第二，是校本课程开发的参与主体是教师、学生家长以及学生；第三，是校本课程开发的权力主体发生变化，区别于传统的课程开发；第四，是校本课程开发重视团队合作和学习氛围；第五，是校本课程开发能够从政治和组织结构中来整合资源；第六，是校本课程开发看重教师的专业性；第七，是校本课程开发是民主化的教学实施过程。结合这些特征，与传统的幼儿课程开发比较，发现园本课程开发的属性如下。

一、以儿童发展为本

幼儿园园本课程开发的独特属性是以儿童的自我发展为主，将实现儿童全面发展作为教学目标，容纳儿童个体的发展差异，重视对儿童的个性培养，期许幼儿能够从教学过程中实现自我水平的提升。从某个角度上来讲，以儿童发展为基础是对儿童个性的一种释放，是实现教育个性化变革的一种发展导向。法国著名的教育学家卢梭在18世纪就提出以儿童为发展之本的教育观念。他认为，世界希望儿童在长大成人之前能够以儿童的本性和认知在世界上生存。如果我们影响了他们自身的发展，那么就会让儿童过度早熟，从而让他们失去了成长的乐趣，无法长久地怀有对这世界的乐趣。儿童在发展的过程中凭借自我的认知水平对世界具有探索的乐趣。[①]美国教育学家杜威也发表了看法：真正的教育是对儿童的能力进行推动的教育，儿童自身的认识和能力能够为自我的发展提供资源。[②]蒙台梭利是现代著名的幼儿教学专家，她提倡儿童的认知培养应当以儿童自我发展为基础，并且要在合理的发展范围内设置目标，将理论投身于实践，并且明确提到：儿童不是一个只重视外部环境观察的主体，童年时光对他们的人生来讲具有重要的意义。[③]从卢梭到杜威再到蒙台梭利，显示了"以儿童发展为本"理念的发展轨迹。如今，这一理念又悄然滋生于园本课程开发的土壤中，成为园本课程开发的坚强基石，将视角直接指向差异，将儿童看成学习与发展的主体，将儿童看成主动的学习者，关注个性，关注每个儿童，满足每个儿童不同的发展需要，以促进其最大限度的

---

① 卢梭.爱弥儿［M］.李平沤，译.北京：商务印书馆，1978：91.

② 杜威.杜威教育论著选［M］.赵祥麟，王承绪，译.上海：华东师范大学出版社，1981：1-2.

③ 蒙台梭利.童年的秘密［M］.马荣根，译.北京：人民教育出版社，1990：17.

发展。将儿童的自我发展作为教育基础是园本课程开发的核心理念。通过园本课程开发能够让幼儿的个体差异缩小差距，充分尊重了儿童的自尊；教师在开展教学活动时能够将精力全面覆盖所有的幼儿，让他们在快乐的学习氛围中获得知识，并提高对这个社会的认知程度，通过自我探索来实现客体知识的积累，并且尝试用主观和客观能力的判断来识别事物的好坏，从而积累社会经验，建立知识框架体系，在学习过程中实现自我的全面发展。

二、民主决策

随着社会的发展，在现代社会中"民主"一词被高高举起，一方面人们渴望参与公共事务、分享决策；另一方面被改革者有权参与决定，只有被改革者也参与规划改革才能使最成功的观点被逐渐认可与接受。而在传统的中央—边陲式课程开发模式中，课程方案往往主要着眼于国内全体学生的共同需要，课程决策往往是专家学者独享的权力，无法实现真正的"民主"。基于此，马什等认为，校本课程开发（包括幼儿园园本课程开发）必须强调"参与""草根式"的课程发展口号，重视师生共享决定，共构学习经验的教育观，同时重视教师在政策、课程方案及教学单元上的自主权。即幼儿园课程作为一项公共资源，它并不应仅仅满足于国家的统筹与安排，而无视本地、本园的众多资源，无视课程相关人士的关注，它应该自然地走向社会，走向民众，走向自主开发、民主决策的道路，使幼儿园课程开发成为幼儿园系统内部与外部共同作用的结果，使课程开发的过程符合草根参与和民主决策的精神。由此，幼儿园不仅成为教育的基层，也成为课程开发的现场；园长、教师、行政人员、幼儿，甚至家长、社区人士都成为幼儿园课程的利害关系人，都有权也有责任参与幼儿园园本课程的开发与决策。

三、幼儿园特色

因为幼儿园园本课程开发充分尊重学生在发展过程中存在的差异，满足幼儿多方面的教学需求，所以幼儿园园本课程开发会根据每个幼儿园的特色来实现对学生个性化的培养。园本课程开发不再局限于传统的课程教学模式，充分尊重地方文化的差异，来设立具有地方文化特色的课程内容。个性化的课程开发有助于反映每个园区的物质环境、社区环境以及教学理念。如果园本课程不具备个性化特征，那么就不能被定义为园本课程。

四、生活性

人自出生起，就在这个世界上生活。生活是人的生命最直接、最真实的存在状态，也是人的生命价值实现的原生性基础。因为生活的过程即预示着人的价值的实现过程，而人的价值的实现则需要借助一定的方式或手段，那就是教育——通过人类文化的传承来实现人生的价值。从而，生活与教育息息相关，生活成为教育的本源性依据，也成为教育的第一需要，更成为教育的重要载体——课程的第一需要。但纵观20世纪课程发展的历程，人们一度把课程作为训练人的工具，作为未来生活的准备，课程被囿于学校围墙之内，远离学生的生活实际，在生活世界的意义失落中艰难前行，不能为学生建立起有价值的生活秩序和生活方式。为纠正此传统课程哲学的痼疾，一些专家、学者遂举起"教育生活化，生活教育化"的大旗，主张课程向生活世界回归。而幼儿园园本课程开发正扎根于幼儿的生活世界，渗透于幼儿的生活世界，在生活中形成，又融化于生活。开发园本课程本身就是生活的一部分，幼儿的成长和课程的发展一道展开，展开幼儿与生活的关联，展开现实的幼儿与现实的生活间生动的联系，在此过程中认识生活，理解世界，理解人与生活、世界的关系，理解生活中的事和物，理解时间、空间，理解自我，理解生命，获得生活必要的知识，启发生活必要的智慧。也就是说生活的每时每刻，每一个事件、每一环节都被纳入园本课程开发，园本课程开发成为生活的教育延续。它含有生活的特征、生活的成分、生活的性质，并表现出生活的某些功能；它关注幼儿的现实生活，照顾幼儿当下生活的体验、意义、需要、兴趣，使生活成为幼儿的课程。生活对于园本课程开发来讲，既是最生动、最富有感染力和生命活力的，也是最能引领幼儿感悟生活意义和生命价值的。

五、生成性

幼儿园园本课程是生成性的课程，其开发和运作的历程彰显着特定情境中师生间的互动、体验、顿悟、灵感和创造，伴随着活动过程中一系列的非预设性、不确定性和动态性。园本课程开发看到了教育生活的丰富性、关联性，看到了师生共同参与、共同构建、共同生成教育活动的可能性，即具有生成性的特征。所谓"生成"也有产生、形成、变成某物之意，它强调的是事物发展变化的过程本身。园本课程开发的生成性，其主旨在于通过充分发挥教师在课程发展过程中的能动性、创造性，通过师生间的对话、互动，逐渐发现幼儿的兴趣、需要，形成共同的兴趣来设计、发展课程。其中，"兴趣"是"生成性"的重要体现。尊重幼儿的兴趣、谋求教师与幼儿的共同兴趣，并在此共同兴趣点上滋生、萌发出园本课程的点点星光。在点点星光中不断体验、孕育、迸发，随之生成共同感兴趣的园本课程，并不断推陈和改进。生成的过程既是课程跟随具体情境不断调整、发展、完善的过程，也是教师与幼儿共同成长、共同发展的过程：幼儿在自身兴趣中自由探索、奋力发展；教师则通过参与幼儿的活动，在对幼儿的每一次观察和发现中，在对教育契机的每一次把握和感悟中，在对幼儿真实的认识和理解中，使自己获得真正的发展。因此，幼儿园园本课程开发的生成性品质就是要把教师从对教材的单纯依附、把幼儿从对教师的单纯依附中解放出来，使他们以自己的经验和兴趣为基础、以现有的资源和环境为依托，在交互关系中共同学习、共同建构、共同生成他们自己的课程、创造他们自己的课程意义。

六、和谐性

人的本质属性无疑是复杂的，人是自然的人，也是社会的人，更是精神意义上的人。漫步于当今的儿童世界，儿童童年的消失、天性的异化、情感的孤独、生命的脆弱……一切都昭示着他们生命中难以承受的重量：与自然，与社会，与自我的三重疏离。但"人被宣称为应当是不断探究他自身的存在物——在他生存的每时每刻都必须查问和审视他的生存状态的存在物。人类生活的真正价值，恰恰就存在于这种审视中"。[①]源于此，园本课程开发珍重这种审视，也倡导这种审视，使幼儿能够自由自在地亲近自然，无忧无虑地接触社会，随心随意地体验自我。园本课程开发过程是一个"以儿童为本"、开放的、创造性的过程，是一个消解"三重疏离"的过程，幼儿在不断探索与体验中理解自己、理解社会、理解自然，并不断投入自己的人生体验，去发现和感受自然与社会背后的丰富意义，以实现与自然、社会、自我的和谐发展为目的，使幼儿获得自由与幸福。因此，园本课程开发的终极目标是人的"终极关怀"，指向自然性、社会性、自主性全面和谐发展的人。和谐性是幼儿园园本课程开发的主要特征。

---

① 恩斯特·卡西尔. 人论 [M]. 甘阳，译. 北京：西苑出版社，2003：10-11.

七、整合性

21世纪是学习化社会，社会与教育紧密结合，融为一体。这意味着学习将成为人自身发展的一种需求，将贯穿人生命的整个周期；也意味着学习将成为人与人联系的纽带和桥梁，在共同学习中，增强人与人之间的相互依赖，增强人与社会、人与自然之间的联系。学习和教育成为一种社会的责任。在这种社会责任中，园本课程开发作为学习的一种手段，强调"以学习为本"来带动人、自然、社会的交流与合作、整合与发展。园本课程开发是以幼儿园为基地而展开的课程开发活动，其间学习如一粒萌发的种子、一条轻灵的红线，孕育着多样、差异、开放和民主。幼儿园的教学资源与社区教育资源协调分配，离不开幼儿园教师、幼儿、家长以及社区成员的支持和配合。确切地来说，因为园本课程开发依赖于幼儿园、幼儿、教师、社区之间的协调、整合，所以园本课程开发的价值实现不仅关乎教育的发展，还与幼儿园、幼儿、社区息息相关。它能够通过个性化的学习来提升儿童的个性化发展水平，提高教师的专业程度，形成幼儿园的教学特色，并实现社区的学术氛围的覆盖，四者之间互相整合、互相协调、互相发展。换言之，幼儿充分自由的发展需要教师耐心引导，需要幼儿园各项资源的配合以及强大动力的支持；幼儿教师专业素养的提升则须以儿童、幼儿园共同的进步发展为依托；幼儿园特色的形成也离不开儿童、教师的通力合作，儿童发展得越好，教师专业素养越高，越容易提升幼儿园的声望和特色，也越有利于园本课程的开发。这是儿童、教师、幼儿园三者的协调、整合。与此同时，我们必须承认：随着信息时代的到来，知识快速更新和成倍增加，教育已无法再局限于围墙之内，学校教育必须从过去的封闭状态走向开放，去寻求来自社会各方面的支持和配合。因此，园本课程开发整合的力量还应包含社区的和谐发展。社区的和谐发展也是不可或缺的因素，它既保证了园本课程开发所需社区资源的供给、社区人员的参与以及和谐环境的创设，同时它自身是园本课程开发的必然反映和结果。园本课程开发的立足点在于追求儿童的个性发展，为了实现这个追求必然要求教师的专业成长，在校本课程开发与追求过程中既会自然形成学校的特色，也会自然带动社区的和谐发展。因此，园本课程开发是成就儿童个性、发展教师专业、形成幼儿园特色以及发展和谐社区的整合平台。

第三节　幼儿园园本课程开发的理念

园本课程开发有助于幼儿的主动学习与发展，也有助于幼儿教师的发展，还有助于幼儿园形成自己的课程特色；同时，园本课程实践是幼儿园课程理论的重要生长点。但是人们对园本课程开发还存在着很多的误解，有必要明确以下基本理念：第一，园本课程开发是主动而有计划地进行变革，而不是自发的、盲目的；第二，园本课程开发是对全园课程的整体规划，而不是只见树木不见森林；第三，园本课程开发是自主性与规范性的平衡，而不是随意而行的产物；第四，园本课程开发要以课程改编为主、创编为辅，而不能片面地强调课程的创编；第五，要关注园本课程开发、实施与评价的一体化，而不能把课程设计、实施与评价割裂成三个阶段。

园本课程开发的基本理念具体如下。

一、主动而有计划地进行变革

事实层面的校本课程或园本课程从来都存在，甚至从苏格拉底或孔子就开始了。但是，它在我国作为一种新的课程开发思想和理念，是20世纪末、21世纪初才提出来的，是在我国基础教育界出现校本课程开发的概念以后才提出来的。以前，在事实层面上的校本课程开发或园本课程开发可能更多是被动的、策略是盲目的、课程开发活动也只是私人的，更多是

67

教师本位课程开发，是个别教师根据自己狭义的经验编写的科目教材或资料，其结果往往是过于封闭、缺乏交流，使得园本课程不连续、不均衡。现代意义上的制度化的校本课程/园本课程开发是主动的、策略是明确的、课程开发的活动是公共的，即学校或教师作为学校教育的整体积极主动地从事课程开发，这种课程开发是一种联合一致的社会公共事务以及有计划的变革策略。校本课程开发如果仅仅是一种各个学校孤立的课程革新，而不能有效激起普遍的结构性变革行动，那么它的意义将会大打折扣。因此，园本课程开发应该成为幼儿园的普遍行动，园长要主动而有计划地在幼儿园系统中引入机构化的变革，建立相应的课程，制定园本课程开发方案，形成相应的配套制度，对幼儿教师进行培训，与国家和地方教育行政部门的政策保持一致。

二、对全园课程的整体规划

前面已明确，园本课程开发的含义是指，幼儿园对自主确定的课程进行整体规划、设计、实施与评价，它包括课程选择、课程改编、课程整合和课程创编等各种实践模式。校本课程创新只是作为国家课程的补充，校本课程开发的比例在义务教育阶段控制在16%～20%（含综合实践活动），而幼儿园不存在具体层面的国家课程与教材，所有具体课程内容都可以由园长自主确定。因此，现阶段园本课程开发有权对全园课程进行整体规划。目前，很多幼儿园只关注所谓的"特色课程"的开发，而忽视了对全国课程的整体规范。如有研究者调查发现，幼儿园在制定课程实施方案时存在特色放大、过于强调选择性课程、对共同课程的园本化实施考虑淡薄等问题。在现有的制度背景下，园本课程开发规划方案需要对全园课程进行整体规划，具体内容可以包括三部分：第一，对方案编制的背景与依据的说明；第二，对课程目标、结构、内容选择与组织、教学、评价等课程要素的阐述（课程内容应说明以何种版本的教材为主要内容、以什么为参考内容、哪些内容需要教师创编等）；第三，对如何执行课程方案的具体规划。其包括成立相应的组织机构、建立课程资源共享机制、提供相应的资源支持、制定教师专业发展措施（如园本教研制度、发展性评价制度）等。

三、自主性与规范性的平衡

现阶段，幼儿园如何使用自己的课程自主权？研究发现，园本课程开发存在课程的目标和内容严重偏倾与失衡的问题；有的目标、内容缺损，也会出现课程重叠、冗余的现象。有部分幼儿园的外语类课程占比较大，超过一般的课时；也有部分幼儿园每周进行两次数学课外活动，三次珠心算活动；还有部分幼儿园每周开展五次美术绘画活动。因此，幼儿园内部开展的课程都是自主性的创新活动，能够让学生实现个性化的全面发展，它受到国家法规政策的限制。而园本课程的开发活动让科学理论得到实践，并进一步证实了个性化课程对学生全面发展的重要性，让国家的教育政策实现落地。幼儿园的课程开发权利主体是幼儿园，但是在进行课程筛选时应当注意剔除具有商业性质的教学课程，并对课程进行进一步的规范。第一，课程开发要遵循全球化、地方化和个体化三条原则，以使课程适合于社会和时代的需求，适合于幼儿园的办园目标与价值追求，适合于教师面对特定环境和特定幼儿群体开展教学的特定需求，适合于幼儿的特点和发展需要；第二，这个权力要在新纲要的宏观规范下行使，毕竟园本课程开发只是对宏观层面的国家课程与地方课程的具体落实。

四、课程改编为主、创编为辅

园本课程开发要求教师必须成为研究者，如果教师没有相应的研究与反思意识及能力，那么课程质量就难以得到保证。也确实发现有的教师把园本课程开发等同于自编教材或随意设置课程，凭经验随意组合、删减、拼接教材内容片段。现阶段幼儿园教师进行课程开发确实是很难的，应该以选择优质的课程资源为主。课程选择时可同时选择多套课程，因为"世界上并不存在一种最好的课程，能适用于不同个性的儿童；而各种不同的课程则能分别适合不同个性的儿童。幼儿园课程走向多元和自主，不仅仅是为了适应社会，也是为了更好地适合儿童"。然后，在课程实施的过程中既可以对优质课程资源进行"适应性改编"，也可以对不同的儿童实施不同的课程。对课程的改编应该成为园本课程开发的主流。幼儿园教师在课程开发中的主要角色是课程选择与课程改编，选择偏好是以专家编制的教师参考书和教材为主，通过对教材进行进一步的改编并应用到课堂中，适用于全体教育对象，也被称为"课程园本化过程"。园本课程开发要走一条渐进的道路，先从幼儿园课程"园本化"开始，即鼓励教师充分利用和挖掘现有的幼儿教育资源（如为教师编写的参考用书、参考资料以及儿童读物等），通过选择和生成两个过程，使之逐渐成为适合本幼儿园的课程。园本课程追求的不是要有自己的课程，而是要有适宜于自己的课程。适宜性是园本课程最根本的特性。对绝大多数师资等条件还不是很理想的幼儿园而言，应以普适课程为基础，结合自己的特点，适当做一些改造，才是最好的选择。

五、园本课程开发、实施与评价的一体化

国家课程开发采用的是"研究、开发与传播"的线性模式，课程开发的过程基本是国家召集课程专家先研究相关政策、课程标准、儿童特点、学科内容等，然后编写教材，教材编写好后拿去推广和实施，这是课程开发的目标模式走的路线。园本课程开发是在对国家课程开发模式反思的基

础上产生的，后现代课程理论、实践性课程理论倡导的是课程开发的"过程模式"。因此，园本课程开发是一种不断生成的课程探索活动，是一个持续、动态、逐步完善与探索的过程。园本课程必定是在实践中进行的，是把课程开发、实践与评价改进融为一体的。幼儿园园本课程开发具有生成性品质，它要求教师从对教材的单纯依附、幼儿从对教师的单纯依附中解放出来，以自己的经验和兴趣为基础、以现有的资源和环境为依托，在交互关系中共同学习、共同建构、共同生成他们自己的课程、创造他们自己的课程意义。从时间长短来看，园本课程开发可以有长期计划、中期计划、短期计划和一次性活动之分。现代意义上的园本课程开发应制订长期计划。

第四节　幼儿园园本课程开发的要素及支持系统

一、幼儿园园本课程开发的要素

根据园本课程开发类型的相关理论，园本课程开发内部要素主要有开发的课程范围、开发人员、开发的课程类型、开发层次、投入时间等，如园本课程开发的主体包括园长、教师、课程专家、幼儿及家长和社区人士，园本课程开发的层次主要有课程选择、课程调适、课程整合、课程创编等。园本课程开发内部各要素及其外部影响因素共同构成了园本课程开发的支持系统，园本课程开发质量的保障要求需要国家政策与行政的支持，课程开发主体具备相应的课程素养，也需要民主开放的组织机构，还需要充分开发与利用园内外课程资源。目前，我国园本课程开发已经具备一些有利条件，但也存在许多不利因素需要努力去克服。

园本课程开发是"自下而上"的课程改革的一种具体形态，园本课程开发的主体包括教师（教师个人、教师小组和教师全体）、幼儿及家长、园长和社区人士、专家、教育行政部门的督导人员。其中，园长和教师是园本课程开发的主要人员，园长要制定园本课程开发规划方案；教师则是园本课程开发规划方案的真正实施者，实际上是所有具体教育活动的开发者。幼儿园作为园本课程开发的权利主体，应当实现权力下放，园长适度地赋予幼儿园教师编写教材和制定教学方案的权力，从而实现课程方案的落实。同时，园本课程开发是以园为本，并不是将幼儿园作为独立课程开发的主体，也不是在一个密闭的教学范围内来开展课程开发。因为幼儿园在进行园本课程开发时会因为资源不足、文化积累不足导致在开发过程中面临困难，所以在开发过程中要借助社会力量。另外，家长、社区成员、社会组织都能作为社会力量成为幼儿园园本课程开发的资源，与幼儿园全体成员一起完成对课程计划的制订、课程实施和评价，并且在这一过程中发表自身的看法和意见。

（一）园本课程开发的范围与类型

结合园本课程开发涉及的课程内容将其划分为完全园本课程开发和部分园本课程开发。完全园本课程开发是对幼儿园全部课程进行开发，部分园本课程开发是选取幼儿园部分课程进行开发。目前，我国幼儿园采取完全园本课程开发方式，课程开发不仅是对课程内容进行改编，还包括课程的筛选、整合和调整。

（二）园本课程开发的层次

园本课程开发/校本课程开发的层次，不同的学者采用不同的概念，有"活动类型""适应层级""活动方式""课程发展维度"等，见表2-1。

表2-1　园本课程开发/校本课程开发的层次

专家学者	所用概念	元素
布兰迪	活动类型	课程材料的选择、课程材料的调整和课程材料的创造
马什	活动类型	选用教材、改编教材、创新教材、探究活动
白云霞	活动类型	选用教材、补充所选用之教材、改编所选用之教材、创新教材
萨伯	适应层级	忠实采用、选择、修正和补充发展

专家学者	所用概念	元素
吴刚平	课程开发活动的具体方式	课程选择、课程改编、课程整合、课程补充、课程拓展和课程新编
李子建等	课程发展维度	内容选用、教材补充、活动改编、课程创新
熊梅等	课程开发的实践模式	选择模式、调适模式、整合模式和创新模式

本节采用"课程开发的层次"的概念，园本课程开发的层次主要有课程选择、课程调适、课程整合、课程创编。其中，课程调适与课程整合的活动都属于课程园本化，是指幼儿园在坚持纲要基本精神的前提下，根据自身特点与条件，将国内外课程专家编制的面向所有儿童的课程转变为适合本园幼儿学习需求的课程的创造性实践，包括课程调适、课程整合等行动策略。使课程目标、内容、教学方式、评价方式等与幼儿发展水平相平衡是课程园本化的核心目标。

课程选择是从众多的课程中选择适合幼儿学习需求和教学需求的课程。在进行选择时，幼儿园应当重视课程的质量，选择最前沿的教学理念和目标，有针对性地开展个性化教学活动，从而实现幼儿的全面发展。幼儿园课程的选择层次性较强，包括对课程类型的选择以及教材的选择。

课程调试主要是对现阶段已经应用于教学环境的教材进行调整，并贯穿整个教学过程，包括教学目标、教学内容、教学形式以及课程评价等的调整，能够让教学质量和教学效率实现质的飞跃，并形成良好的教学氛围。课程教学内容的调整是课程调整的核心内容，包括内容的合并，课程的改编、补充和延展等。

课程调整适用于不同的学科领域，并且在本质上是一致的。课程整合是为了避免教学学科在内容上的重复和冗余，能够有效解决教学效率低、教学质量难以保证的问题，从而实现学生的全面发展。课程调试主要有以下几种类型：学科本位课程调整、儿童本位课程调整以及社会学科本位调整，分别以学科内容、儿童、社会经验为主体来进行课程内容的调整活动。

课程创新是对课程进行全面的开发和创造，从而让教师的专业性得以提升，学生的个性化学习水平实现进步，既满足了学生的个性化发展需求，也保证了高效的学习效率，凸显了教学环境的文化特色。

园本课程开发首先要对课程进行筛选，将国内外课程环境中应用的优质教学资源加以引用和选择；其次是对初步筛选的课程资源进行调整和整合，并将适用于国外的教学课程资源加以转化，形成适合我国教育发展现状的教育资源，实现真正意义上的课程园本化。课程调试对园本化程度的影响并不大，而课程化整合相对而言程度变化幅度大。一般的幼儿园在进行园本课程开发时都局限于这两种形式，具备实践条件的幼儿园能够对课程进行改编，不具备实践条件的幼儿园可以在引用的基础上进行课程的变动。

从参与人员方面体现各类人员的参与，在活动方式上体现多层次课程开发的结合，以哪种层次为主，由幼儿园的实际情况而定，体现一种地域化的追求，在投入时间上体现长期性，在课程类型上体现显性课程开发与隐性课程开发的并重。

（三）园本课程开发流程

园本课程开发流程如下：情景设定、目标确定、确定方案、实施、评价。在实际操作流程中会进行细化：确定组织、分析情景化、确定目标、编制方案、课程审核以及课程评价。

（1）建立课程开发团队，根据课程开发任务来分成不同的工作小组，在实施过程中做好动员和宣传工作，成员之间保证交流的有效性，从而增加团队之间的黏性，提高工作效率和工作质量。小组成员应当具有适当的权力，在进行会议决定时能够发表自己的看法。

（2）现状分析，主要是了解本园幼儿的兴趣与需要，然后根据本园的师资、设备与社区资源确定开设哪些课程来满足这些兴趣与需要，即回答幼儿喜欢什么以及幼儿园能做什么两个问题，避免课程盲目跟风现象。现状分析时处于园本课程开发的不同阶段，分析的侧重点不同，如"价值取向是课程选择的核心"，首先要对幼儿园课程与教材的出版现状进行调查，其次要对各种幼儿园课程与教材的价值取向进行比较，最后要根据本园的价值追求、幼儿、教师、资源等情况选择出适合自己的课程。课程园本化阶段，要同时分析教材特点、幼儿需求及园所特点，结合三者对课程进行改编。课程创编阶段主要是了解本园幼儿的兴趣与需要，然后根据本园的师资、设备与社区资源确定内容选择的原则与来源。

（3）目标拟定是根据政策导向和教学原则来设定该园区的教学目标，即表明幼儿园的办学目标，包括对幼儿园教师自身发展的要求，开发成果，还有幼儿的发展目标。

（4）确定总目标之后，为了保证总目标能够实现，先对课程目标的实现制定一个完整的教学实施方案，避免教学主体照搬其他教学环境中的教学设计和课程内容等，限制了自身教学内容的开展。课程方案能够统一教学思想，并获得上级教育部门的审批。编制园本课程开发方案应当遵循民主化思想，调动全体教育工作人员参与进来，并有效执行教学方案。

（5）课程审议是在实施课程方案前，对教学方案进行质量控制和评价，避免开展教学方案之后出现教学纰漏，影响教学效果。课程审议能够降低风险发生的可能性，在风险产生后及时反馈问题并进行调整，提高教学质量。建立课程预审制度，课程开发小组对教师的教学设计进行审议，查看是否符合院内教学方案设计；同时，教育行政部门建立专项审议小组，对园区内的园本课程进行审议，审议通过后才能实施。审议小组成员包含行政人员、专家、园长、教研人员等。对课程进行评价时，应当按照统一的标准：课程内容、参与成员的协调性等。

（6）最后是教师实施园本课程，把园本培训和方案的编制与方案的审议相结合，使教师在参与的过程中明确园本课程开发的方向，从而顺利实施课程；同时，通过课程实施的效果而不断改进课程的目标、内容与方法。

二、园本课程开发的支持系统

园本课程开发的支持系统是课程开发需要的内部和外部条件。影响校本课程开发的因素是多方面的，直接对校本课程开发产生影响的不外乎国家的政策和课程计划、各级政府行政部门、校长和教师、课程组织、社区和用人单位以及家长和学生等。校本课程开发的顺利进行取决于政策的支持、各级政府的广泛发动；校长拥有明确的教育哲学思想办学宗旨；学校具备民主开放的组织结构，建立教师、家长与社区参与课程决策的机制；教师要拥有校本课程开发积极性、首创精神和相应的能力；学校要能获得家庭与社区的支持，与周边的组织机构形成合作伙伴关系；学生在课程中能够主动提出问题、解决问题，投入学习；学校有自觉自律的课程评价机制，不断地自我反思与改进。有学者把校本课程开发的有效支持系统归纳为国家的政策与制度支持、信息和学校本身资源的支持、学府与科研机构的理论和技术的支持、教育行政部门的行政支持四个方面，其中的具体要素包括课程政策、师资培训制度、课程与教学的一般理论、校本课程开发的原理与技术、教育科学研究方法、课程信息与课程资源、校内外行政支持等。也就是校本课程开发需要内部条件和外部条件的共同推进。教育行政部门的支持分政策与制度层面（教师教育政策、考试与评价政策、评优与晋升制度等）、技术与措施层面（涉及设立课程研究与发展的专责单位、提供实施课程需要的各项服务、补办课程相关业务的经费、广泛而充分地撒播课程的知识及讯息）；学府与科研机构的贡献包括理论与技术支持、信息支持；学校内部的支持包括赋权给教师、创建民主开放的学校组织机制、校本培训等。园本课程开发应当具备的条件如下：明确的教学方针，科学的教学思想以及民主、开放的教学管理体制，专业的教师队伍以及监督机构，等等。本书把园本课程开发的支持系统分为幼儿园内部的支持系统（内部条件）和幼儿园外部的支持系统（外部条件）。幼儿园内部的支持系统中的要素包括人员特征（园长、教师、幼儿）、组织特征、内部课程资源（教材与设备等），幼儿园外部的支持系统中的要素包括课程政策、课程管理、外部课程资源（家庭、社区、专家等）。

（一）人员特征

1. 园长的特征

园长应当具备领导力，包括组织领导力、政治领导力、文化领导力、人际领导力和教育领导力。组织领导力能够很好地对教学理念和办学宗旨进行指导，结合国家教育环境和自身园区的发展需求，来设计教学目标和教学方案，将其资源转化为组织战略，实现自我教学结构的建立。人际领导者能够处理好人际关系，为教学活动的开展提供有效的后勤保障，通过人际关系来疏通教学交流中遇到的问题，从而实现正确的教学领导。一个成功的政治领导者能够响应国家政策，有组织、有计划地在教育环境中找寻教学同盟，最大限度地为园区争取更好的教学环境。文化领导者像一个艺术家，通过笔墨来绘制出未来的蓝图，表达出内心的情感和话语，搭建起信仰和心灵的桥梁；教育领导者能够成为课程发展的指南，制定本园的课程规划，培育教师的课程素养，通过评价与研究改进课程。具体要求如下。

第一，政治领导。政治领导是明确园区课程开发目标，并在社会环境中拉拢同盟，扩大教学影响力；确定幼儿园的价值导向，明确教学理念和政治导向，并在此基础上延伸出更多的教学课程。国家课程开发体现的是国家与课程专家的价值取向，园本课程开发则需要园长在遵循国家的价值取向的基础上结合本园的特点形成自己的办园理念与课程理念，并且能化为全园教师的共同愿景，为园本课程开发提供价值导向。

第二，结构领导。结构领导是构建体现本园教育哲学思想的民主开放的组织结构。要建立课程规划与设计、评价与监督的机构，建立制订与实施课程计划的支持保障机构，建立课程计划的执行与操作机构。

第三，文化领导。文化领导是建立有共同愿景、合作与自主探究的幼儿园文化。园长要塑造全园教师共同信仰的课程理念，为教师的合作学习与工作创造环境，同时留给教师独立学习、反思与研究的时间和空间。

第四，教育领导。教育领导是指导课程规划、设计、实施与评价。园长要进行幼儿园课程整体规划，设计本园课程结构，鼓励教师的创造性实施，组织课程评价与反思，等等。

第五，人际领导。人际领导是对教师的激励、赋权与增能。园长要激发教师课程参与的动机与愿望，为教师赋权增能，等等。总之，园长要从课程领导的"自由"走向"自觉"，必须成为理念倡导者、专业领航者、课程推动者、沟通协调者、资源提供者。

2. 教师的特征

教师的专业发展是校本课程开发的主要支撑。课程开发对教师有何要求？有人认为在课程开发中教师也是课程领导者，应扮演五种关键性角色：即课程意识的主动生成者、课程实施与开发的引领者、学生自主学习与教师专业发展的促进者、同侪教师的帮助者、学习共同体的营造者。幼儿园教师应具备的课程开发素养包括课程开发知识、课程开发能力与课程开发情感态度三个方面。

第一，课程开发知识。课程开发知识包括以下几个方面。①课程内容知识。要熟悉各类文件、课程方案与教材中关于幼儿学习的内容。②课程开发的理论知识。其包括园本课程开发理论背景、基本概念、理念与价值、课程设计、要素与支持系统等知识。③园本课程开发的操作技术。其包括园本课程开发的程序、生成课程设计的技术、课程资源开发技术、行动研究与叙事研究等。

第二，课程开发能力。课程开发能力包括以下几个方面。①课程选择与设计能力。能够根据幼儿园的园本课程规划方案选择课程内容、设计教育教学活动。②课程资源开发与创造性课程实施能力。能充分利用各种课程资源对教材进行创造性实施。③课程评价与研究能力。能在实践中通过自我反思与评价（含行动研究）不断改进课程，促进幼儿的发展和自身的专业成长。

第三，课程开发的情感态度。课程开发的情感态度包括以下几个方面。①拥有园本课程开发积极性、敬业精神和首创精神。②具备相应的课程意识。其包括课程选择中的批判意识、课程规划与设计中的整体意识、课程实施中的弹性与生成意识、课程评价时的过程意识以及课程资源开发中的开放意识；同时，整个过程都要具备一种参与意识和反思意识。③与同行教师的合作精神等。

综上所述，教师的园本课程开发主要还是靠自己，而不能靠幼教专家。幼教专家也许在一定程度上能帮助幼儿园少走弯路，但幼教专家不能代替幼儿园走路。不同的幼教专家出发点不同，理论见解不同；太多依赖幼教专家的意见，反而不利于形成自己的观念和策略。因此，园长和教师的园本课程开发必须立足自己，不断学习，不断实践，才会取得应有的成效。

3. 幼儿的特征

根据实践性课程理论，教师和幼儿是课程的主体与创造者，其中幼儿是实践性课程的中心。根据后现代课程强调的自组织理论，教师要充分引导幼儿自发地学习与反思。因此，园本课程开发中内容的选择是以幼儿在课程实施中的反应为依据的。教师要创设环境，提供资源以引发幼儿的主动探究，让幼儿在课程中能够主动提出问题、投入学习，大胆探索，积极与材料，与同伴有效互动，获得有意义的经验，并在活动中主动建构自己的意义世界。园本课程开发还强调儿童间的合作学习，主张教师应创设儿童合作学习的情境，鼓励儿童合作，体验合作学习的技能，分享彼此的经验，体验合作的快乐。因此，对儿童主体性的尊重是园本课程开发的必要前提。

（二）组织特征

1. 幼儿园要有民主开放的组织结构

园本课程开发是多主体参与的民主决策过程，需要有相应的民主化的组织机构，如成立园长、教师、幼儿、家长与社区、教育行政人员共同参与的课程开发小组或课程审议集体，形成教师、家长与社区参与课程决策的机制，负责园本课程规划方案的制定、课程方案实施过程的指导与服务等。

2. 幼儿园要有自觉自律的管理与评价机制

园本课程开发不是盲目的、自发的活动，而是一项主动、有计划的活动，需要幼儿园自觉地在园本课程规划方案、园本课程开发与实施过程、园本课程实施效果等方面不断地自我评价、自我反思与自我改进。因此，需要形成自觉自律的管理与评价机制，使园本课程规划方案的制定制度化，园本课程开发与实施过程的指导与服务全程化，课程开发、课程实施与课程评价一体化，等等。在评价标准方面，对教师的评价不是以教案为依据，而是以教师记录与整理的课程故事或案例为依据。

（三）课程政策与行政管理

1. 园本课程开发需要国家赋权

国家和地方教育行政管理机构对课程管理的政策和指导纲要、细则构成了园本课程开发两大外部支持系统。目前，《幼儿园教育指导纲要》和

《幼儿园工作规程》可以说是宏观层面的国家课程，它没有为幼儿园规定具体的课程内容与教材，这就意味着给了幼儿园很大的园本课程开发的自主权。

2. 园本课程开发需要地方行政的支持

目前，地方政府在对待园本课程开发的问题上有两种截然不同的态度：一种态度，是根据纲要精神，组织课程专家和一线骨干教师编写省级课程文本即教材，然后以行政的方式规定各个幼儿园必须采用；另一种态度，是一些地区教育行政部门要求幼儿园发展和编制"园本课程"，有的还以幼儿园有没有"园本课程"作为幼儿园评定等级和质量的一个重要指标。这两种态度都不利于幼儿园课程促进幼儿的全面、和谐发展。地方教育部门不仅要给幼儿园园本课程开发的空间，还要进一步提供相应的支持。如广泛宣传活动，为幼儿园的园本课程开发提供有效的监督和服务。如制定相应的师资培训制度、园本课程审议制度、园本课程评价标准等，对幼儿园的园本课程规划方案进行审议与指导，对课程实施的过程进行服务与指导，加强园际之间的合作，给予相应的教师培训与资源的支持，以确保园本课程能够真正促进幼儿发展。

（四）课程资源的开发与利用

1. 要强化课程资源意识

提高对课程资源开发价值的认同与敏感性以及开发利用课程资源的动机等，在思想上高度重视课程资源的开发与利用。

2. 要优化课程资源结构

（1）教材与各类教参并重。幼儿园要选择一套优质的教材为主要课程。除了教材以外，还要有图书资料室为教师与幼儿提供丰富的学习素材。

（2）文本资源与非文本资源并重，园内资源与园外资源并重。除了利用各类课程文本及配套资料外，还要创设丰富的感性环境——除了常用的活动室外，还要有各种专用教室，如各类游戏室、科学发现室、沙池、水池、操场等；除了园内资源外，还要与家长、社区建立开放、和谐的关系，争取家长和社区人士的支持与配合，提高他们参与课程的意识和能力，邀请他们参与课程决策、课程开发；除了人力资源外，还要求对家庭与社区中的自然资源、生态资源、文化资源挖掘。

（3）预设的资源与生成的资源并重。

构建课程资源开发利用机制。其包括建立有效的课程资源管理制度，建立幼儿园的课程资源库、课程资源信息管理库等，形成课程资源开发的纵向与横向合作共享网络、构建课程资源开发利用的激励机制，健全和完善园本课程资源开发利用的评价制度。

三、园本课程开发的有利条件

目前，幼儿园在课程政策与行政管理、资源的开发与利用方面已具备了一定的条件，具体表现如下。

第一，幼儿园教师在园本课程开发方面的实践经验更加丰富。20世纪80年代以来，一些大城市的幼儿园在专家的指导下进行了园本课程开发，形成了一些课程特色。目前，园本课程开发成果更是日益繁荣，"预设与生成相结合"的理念已深入人心，很多幼儿教师在生成教育活动方面身体力行，积累了一定的经验；幼儿教师的创造性课程实践也造就了一批幼教名师，他们的探索与实践是现在进行园本课程开发的珍贵的资源。如应彩云在她的著作中呈现了大量结合幼儿的生活或着眼于发展幼儿的问题意识而设计与生成的活动。

第二，在课程政策方面拥有课程自主权。新纲要赋予了幼儿园园本课程开发的权力。新纲要只对幼儿园的课程内容做了宏观原则上的规定，具体的科目、教材、课程内容的选择与设计，课程实施与管理，课程评价等都可以由幼儿园自主完成。

第三，在家庭与社区资源开发方面拥有自身的优势。相对于中小学而言，幼儿园在课程资源开发方面具有自身的优势。一方面，幼儿园的课程具有生活化、整合性等特点，它对家庭、社区资源的开发与利用具有内在的要求，因而幼儿教育与家庭、社会的联系相对更加紧密；另一方面，幼儿园的办学体制更加多样化。目前，我国存在九种不同办学体制的幼儿园：教育部门办园、其他政府机关办园、国有企业办园、集体或民营企业办园、事业单位办园、部队办园、居委会或村委会办园、社会团体或民间团体办园、公民个人办园。它们与社区及组织机构等结成了更加复杂、更加直接的联系，使幼儿园教育深深地扎根于社会的土壤，能够直接从家庭、社区环境中开发和利用课程资源。

第
三
章

幼儿园园本课程的实施、评价与设计

第一节　幼儿园园本课程的实施

全面落实园本课程规划的特定过程，即为幼儿园园本课程的实施，这一过程需要应用相应的形式才能完成；同时，该过程还离不开游戏活动、教学活动以及生活相关活动等多方面的助益。

一、教学活动

教学是课程实施的最主要途径，是教师以适当的方式促进幼儿学习的过程。而教学活动是师生以课程为中介进行的计划、设计和组织的专门活动。通常情况下，人们常常把课程实施的过程视为广义的"教学"过程——教学过程不仅包含"教"，也包含"学"，是教师的"教"与幼儿的"学"双边互动的结果，而且"教"是为"学"服务的。这是选择教学途径与策略的基本原则。

（一）幼儿学习的特点

与小学生和中学生的学习一样，幼儿的学习也需要相应的教育机构进行支撑，均为教育情境的范畴。而中学生的学习与小学生的学习有相应的强制性，内容大多为学习科学文化知识；幼儿主要学习的是直接经验，这是他们之间的显著差异。

（二）教师的教学策略

在教学活动中，幼儿教师总会采取各种各样的策略。

1. 教学策略的含义

"策略"一词源于希腊语，意为"将才"，指行为或行动计划，以及为解决某个问题或达到某个目标而有意识做出的一套活动。在教育学中，这个词常常作为"方法""步骤"的同义语，特指教学活动的顺序排列和师生间连续的有实在内容的交流。在这里，策略是表示为达到某种预测的效果采取的教学行为。而教学策略则指教师在课堂上为达到课程目标而采取的一套特定的方式或方法，它会跟随教学情境的要求和学生（幼儿）的需要不断变化。

2. 教学策略的分类

到目前为止，被实践证明有一定成效的教学策略很多，如美国著名学者乔以斯（B. Joyce）和威尔（M. Weil）在其著作《教学模式》中将教学模式（在北美，教学模式有时被视为教学策略）划分为四类：信息加工类教学模式、个性发展类教学模式、社会交往类教学模式、行为系统类教学模式，而每一类又包含了若干更具体的教学模式。基于幼儿教育的特殊性，幼儿园教学活动是以发现学习和接受学习为线索的，在此线索中存在着四类不同类型的学习活动，即独自发现学习、协同发现学习、操作型接受学习、讲授型接受学习。四类不同的学习活动具有不同的外显形式，也代表了不同的教学形式：接受式教学、发现式教学、体验式教学和问题式教学。从幼儿学习的特点来说，后三种更能反映幼儿学习的真实状态，更能促进幼儿和谐健康的发展，更需要教师与幼儿在积极互动中寻求和建构知识，在体验和探索中进行创造性学习。

3. 具体的教学策略

教学策略在整个教学过程中是至关重要的一环，它不仅是实现教学目标的保证，而且是师生能否真正做到互动的前提。在园本课程的教学活动中，具体的教学策略有多种，现举例如下。

（1）鹰架式教学。

"鹰架"一词来源于建筑工程领域，该词的原意是脚手架，还用来表示促使儿童努力的系统。在该系统中，儿童被视作建筑物，努力地对自身进行建构；脚手架是教师或者社会整体环境，助力儿童对自身的世界进行建构的工具。

从"鹰架"的隐喻中可以看出，鹰架式教学是参照维果茨基的最近发展区理论提出的，其主要目的就是使孩子在最近发展区内由原有经验向更高层次提升与迈进，幼儿的学习是一个主动建构、合作沟通的过程。同时，为了确保学习的有效性，教育者必须能够提供鹰架式支持，能够协调幼儿现实能力所需的沟通，供给幼儿熟练活动需要的协助，并提供能够挑战幼儿能力的活动，使幼儿参与有兴趣、有文化意义和利于解决合作问题的活动，通过商量或妥协，不断努力去达成情境中共识的观点。事实上，鹰架支撑的是幼儿对事实或原理的理解与知道应该怎样做之间的相互作用，即know what与know how之间的互动，当然这种互动需要小心的调整帮助与支持的度，这是一个借助支持到摆脱支持的过程。因此，鹰架就是要把幼儿保持在最近发展区内活动，运用示范、指导、发问、鼓励、回馈等方式，针对幼儿目前的需要与能力构建适宜的活动与环境，并不断调整成人介入的程度。

（2）PWRE教学法。

PWRE教学法是一种以探究、发现学习为基础的教学方法。P（Plan）是指制订计划；W（Work）代表工作、活动；R（Representation）意指描述，是儿童对自己活动过程和活动方式的描述；E（Evaluation）是评价。这种教学方法强调在教师的启发引导下儿童参与获得知识的过程，学什么、怎么学，做什么、怎么做，自己做出选择，包括制订活动计划、执行计划和交流、评价活动结果。在教学中，教师要创设有利于幼儿主动学习的各种环境（物质、精神），提供有利于幼儿主动学习的各种材料，与幼儿一起精心准备活动计划，引导、支持幼儿的游戏和各种活动，鼓励幼儿去实践、去操作、去摆弄；同时，在操作中互相探讨和交流，在操作中思考问题、解决问题。

二、游戏活动

一直以来，受"业精于勤，荒于嬉"思想的影响，大多数人都对"游""玩""戏"抱有负面看法，想尽办法压制或排除这种活动。但无论怎样压制，我们都无法否认游戏在人类历史的长河中始终是无法泯灭的亮点，始终是幼儿生活的影子，伴随着幼儿的成长与发展。作为一种普遍的社会现象，对成人来说，游戏可能是消遣、娱乐的方法；对幼儿而言，游戏则是他们的工作，是一种主动获取经验的学习活动，是一种无形的教育课程。游戏在幼儿教育领域具有极其重要的意义，此意义也连带于幼儿园园本课程实施的过程中。

（一）游戏特征

"游戏"，顾名思义，有玩、乐、嬉戏、休闲、娱乐之意，这是对于游戏最浅层也是最本真的理解。事实上，透过游戏对幼儿来说是学习、是适应、是生活、是工作的多元化理解的这一特定社会现象，我们可以发现：第一，从游戏活动的动机来看，游戏源于幼儿的内在需要，是幼儿基于内在需要而产生的自发、自愿、自主的选择。在游戏中，幼儿没有某些必须达到的外在任务或目标，也没有严格的程序或方式。因而，幼儿的游戏具有自主性、自发性。第二，从游戏活动的目的来看，"游戏就是一种娱乐"，就是让幼儿体验意想不到的最大乐趣，并在乐趣的体验中获得身心的满足与愉悦。因此，幼儿游戏具有非功利性、愉悦性。第三，从游戏活动的内容来看，幼儿的游戏是在假想的情境中反映对生活的认识，是从幼儿真实的生活走入幼儿梦想中的天堂，是抛却生活的烦恼，不受约束的虚构与假想。从这个意义上来说，幼儿的游戏具有虚构性、社会性。正因为幼儿游戏具有上述特征，所以游戏才成为人类从孩提成长为大人的过程中极其自然的事，才成为人人向往、追求、营造的"世界"。游戏中的幼儿是最积极、最主动的，思维是最活跃的，精神是最放松、最善于解决问题的。可以说，游戏是幼儿最好的学习。

（二）幼儿园游戏分类

探究的角度不同，最终获得的游戏种类也存在一定差异。通过相应的幼儿园环境，融合当前的游戏因素和教育因素，从而形成幼儿园游戏。因此，其与自然态势中的自由形成的游戏模式具有相应区别，在游戏中渗透教育理念，让游戏与教育思想紧密相连。也就是说，其是属于教育性质的游戏，对幼儿的自然游戏进行引导，这就是教师的目标，让幼儿园游戏不仅具有教育意义，还具有游戏的属性。柏顿对幼儿教育机构中幼儿的游戏进行分析，并梳理、归纳了幼儿在玩游戏过程中具体的参与程度。后来，鲁宾对其进行了改进，从而获得了游戏的社会性分类，即平行游戏、偶然的行为、合作游戏、独自游戏以及旁观等。探究分析了幼儿的心理特征之后，皮亚杰通过认知角度指出，儿童在成长初期，其思维与言行不够平衡，从而引发了游戏，这是儿童习得烦琐的事件与客体的特定方式；其实，游戏同化的程度要比顺应的程度深一些，儿童的智力发展水平是符合游戏的发展水平的。在此基础上，皮亚杰对游戏进行了划分，认为其具有象征性游戏、练习性游戏、规则性游戏这几类，象征性游戏则是学前教育阶段，儿童玩的频率较高的一类游戏。彪勒是美国的一位心理学家，其根据游戏中的具体体验来划分游戏，即欣赏游戏、机能游戏、创作游戏以及想象游戏。我国学前教育界，将幼儿园游戏划分成音乐游戏、创造性游戏（例如，表演游戏和角色游戏等）、智力游戏以及体育游戏等。

（三）幼儿园游戏指导策略

大部分儿童都非常喜欢做游戏，这是其天性，是儿童积极参与游戏互动、遵从内心需求的选择。因此，玩游戏的儿童，其行为与表现没有固定的形式。但是正是有这种固定性的特征的存在，才要求幼师使用正确、合理的游戏决策，对幼儿进行引导。

1. 环境中的隐性指导

环境发挥的功用具有隐性的特征。这些年，一些理论认为，儿童主要是在环境中与环境进行交互，从而不断发展的，因此构建什么样的环境和儿童的发展息息相关。在具体的游戏中，对幼儿的游戏表现有显著影响的因素有空间设置、适宜游戏的空间、游戏设施设备等，而情境设置也会对幼儿游戏活动的数量、质量以及类型等产生一定影响。儿童的学习和发展，以及园本课程的开发，均离不开合理规划、管理以及科学设计的环境，都要依托规范有序的环境的助益。在儿童生理与心理发展方面，幼儿园游戏环境的影响十分深刻。尽管其对幼儿的发展没有决定性的作用，但是环境的隐性教育因素能通过春风化雨的形式不自觉地对儿童产生一定影响。

幼儿园游戏环境实质上是在五彩斑斓的装饰中、别出心裁的布置中、生态的人际环境中整理出适合幼儿发展需要并能使之沿着教育目标发展的部分，幼儿园教育（包括园本课程开发）要达到的目标以及组成课程的各种要素——知识、经验、文化、技能、态度等均融于其中。因此，环境对于幼儿发展的作用是在不经意间发生的，这就意味着它不是"赤裸裸""干巴巴"的理论说教，不是期望"一股脑"地给幼儿什么，而是像小溪，似春风化雨般，在不知不觉中使其感悟，得到发展。

游戏环境是为幼儿游戏提供的条件，它包括游戏条件的提供和游戏环境的创设两个方面。对幼儿教师而言，了解环境并根据园本课程开发的需要提供和布置环境是其职责所在，因为在以幼儿为中心的幼儿园中，环境的规划与布置是课程的基石。为了确保游戏环境的隐性指导作用，教师要为幼儿提供能够进行操作、改造、调节并能把他们同化纳入自己的经验体系的环境，使幼儿可以自主地在环境中探索学习，并在与材料、玩具的互动中建构自身的知识，解决一定的问题。

（1）游戏场地。

游戏场地对于幼儿来说无异于一个缩小的世界，在这里他们可以获得各种各样的感官经验。因此，教师应根据实际情况充分发挥主观能动性，为幼儿提供多样化的游戏设置场地。不仅要考虑为幼儿设计一个开放的、互动的游戏场地，还要提供适合幼儿独处的隐蔽空间；不仅要有嘈杂的动态角（积木角、戏剧角），还要提供相对稳定的、固定的静态角（图书角、科学角）；不仅要有既定的游戏场地，还要提供待定的游戏场地以做后备之用。开放与隐蔽、动态与静态、既定与待定，这样的布置才可以让幼儿尽情地徜徉在为他们营造的游戏世界中，相互串联而成的区角既增强了彼此的功能，也鼓励了幼儿间积极地互动。

（2）时间和空间。

时间是幼儿进行充分游戏的有力保障。要使幼儿进行高层次的各种游戏，首先要考虑时间地提供是否合理，是否足以让幼儿发挥游戏的技巧。有研究表明，幼儿确实较喜爱三十分钟以上的游戏时间，长时间的游戏可以让幼儿的认知有所成长。教师应尽量提供适宜的时间，特别是创造性游戏的时间应达到一定的比例。除了时间外，宽阔的游戏空间也不可少，而且空间的布置常常可以起到暗示指导的作用。例如，在布置幼儿园时，主要通过标识和物品等对各游戏区进行区分，尤其是特殊的标志，比如，图形和相关实物等。这些在游戏过程中发挥着巨大作用，比如，提示幼儿相应的规则、对幼儿的行为进行规范，或者让情节更丰富等。幼儿可按照标志来做游戏。

（3）游戏玩具与材料。

游戏玩具与材料既是幼儿游戏的玩伴，又是幼儿学习的"工具"，还是教师教育意图的真实体现。这就要求教师在选择游戏玩具和材料时要尽可能贴近幼儿的生活经验，贴近园本课程开发的主题，并且是他们感兴趣的，愿意动手、动脑去操作和探索的。在投放与管理中还要依据幼儿不同的年龄特征，提供相适应的游戏材料，并及时更换或变换玩法。

2. 观察中的流程指导

观察是了解幼儿游戏运作情况的重要途径。通过观察，我们可以了解幼儿喜欢参与的游戏种类，喜爱的玩具、设备、游戏材料以及游戏的主题；通过观察，我们可以了解幼儿游戏的进展情况，掌握幼儿在游戏中的各种表现。因此，只有在对幼儿游戏充分观察的基础上，我们才能决定是否要给予幼儿一定的指导与协助。良好的观察可以将环境与幼儿、教师与幼儿、幼儿与幼儿之间紧密联系起来。

游戏是一种非常复杂的现象与行为，它不是凭个人感官或知觉的随意浏览，而是借助于科学的系统方法才能反映出幼儿真正的游戏行为。观察游戏前，首先必须进行系统的规划，比如，如何选定观察对象、观察地点、游戏时间与内容以及使用何种观察工具等；其次实地记录以收集"第一手资料"。通过观察记录的一系列流程捕捉观察对象的信息，建立观察游戏的流程，即教师运用"扫描观察法""定点观察法""追踪观察法""综合图示法"等观察幼儿游戏时所走的不同"路径"。路径的不同，会导致不同的观察流程，也会导致不同的流程指导。最后将观察记录转换为可以分析的资料。

具体的流程指导如下。

（1）自由式。此流程指导不受具体对象、具体目标的限制，可自由发挥。想看什么、想用什么方法指导都随意自主，不一定面面俱到，但往往有不同寻常的收获。

（2）扫描式。此流程指导比较适用于粗线条地掌握幼儿游戏的状况，用图式或文字记录简单的游戏信息即可，多出现于新主题或矛盾较多的地域。

（3）定点式。此流程指导往往固定于某一个或某几个观察对象，既容易掌握观察对象详细、真实的行为表现，也容易针对观察对象的具体情况开展具体的互动和指导，使教师的协助和指导更有针对性，不致流于表面。

3. 参与式的介入指导

在幼儿游戏中，教师的参与和介入也是保证幼儿园校本课程实施质量的重要因素。有研究表明，成人参与幼儿的游戏可提高幼儿游戏的质量和技巧。但如何参与，什么时间参与，参与和介入什么程度，一直是存在分歧的问题。一般来说，教师介入幼儿游戏的方式有三种：平行介入、合作性介入和指导性介入。所谓"平行介入"是指教师与幼儿扮演同一类角色、玩同一类玩具和材料，运用自己扮演的角色实地示范；合作性介入是指教师主动参与幼儿游戏，并扮演某一角色，与幼儿进行角色交往；指导性介入虽与合作一样都主动参与幼儿的游戏，但更多地居于支配者的地位，更多地运用控制、指导、命令的方式来引导、延伸幼儿的游戏发展。

三、生活活动

课程的价值需要通过课程实施来实现，而真正促进幼儿发展的课程实施，应该是从幼儿的生活出发，而不是基于对文本和概念的忠实操作。事实上，在幼儿的生活中，蕴含着许多实践园本课程的机会与平台，如幼儿盥洗、进餐、起床、如厕等生活活动，都是幼儿掌握自我服务技能、获得独立感和自信心，从而迈向更高层次学习的基石。在这里，生活活动主要指衣、食、住、行等方面的活动。毕竟生活是人的全部根基所在，是幼儿得以发展的全部营养所在，也是幼儿园园本课程实施的途径所在。在生活的意义上，园本课程实施是不断丰富幼儿生命内涵的过程。幼儿的发展是在生活活动中实现的，我们与其把幼儿看作学习者，不如把他们视为各个年龄阶段的生活者，在衣、食、住、行中了解、领悟和内化园本课程的真实理念。例如，3~4岁的幼儿要学会自己脱下衣服、大小便自理、正确洗手、独立睡眠等，4~5岁的幼儿要学会使用筷子、有顺序地穿脱衣物、不挑食等，5~6岁的幼儿要独立进餐、独立盥洗、会整理自己的玩具及用具等。从一定意义上来说，生活活动在园本课程实施的过程中更多的是一种基础性能力的培养和孕育，是园本课程的理念与思想、目标与内容与幼儿一日生活的有机融合。例如，在"川西民间艺术与民俗资源在幼儿教育中应用的研究"中，将民俗文化的民间礼仪在幼儿来园、离园中进行，将川西民谣以儿歌的形式表现出来并与幼儿的有关生活经验相联系。因此，充满童真、童趣的幼儿生活活动也是实践与转化园本课程计划的有效途径。

综上所述，园本课程的实施是游戏活动和教学活动、生活活动的融合，基于交流、协作以及摸索，以此全面展现幼儿和教师的积极程度，同时是其宗旨不断发展与落实的过程。

第二节　幼儿园园本课程的评价

通常情况下，较之普通的课程评价，幼儿园园本课程的评价没有显著不同；在园本课程开发领域，比较完善的设计与模型以及路径等评价模式都能使用。但是在实践操作过程中，因其他层面因素的影响，园本课程开发评价还表现出相应的独特性。

从目标上来看，园本课程开发是课程职责和权力再次配置的产物，其突出的是课程理念的延伸和幼师对课程进行积极设计的效用，为课程发展系统的明确带来了助力。因此，课程评价不仅表达了预定目标实现的具体状况，而且对课程问题的研判进行强调，对课程线索进行明确；并弥补课程的漏洞，为课程的进一步发展带来可靠的借鉴与有利信息，让园本课程开发与儿童的发展更匹配。从人员的角度来看，园本课程开发强调每个人都要积极参与，如家长、课程专家、院长和社区人员等。因此，其评价主体的特征是多元化和全员性的，这是多个主体之间互动交流的评价价值，同时还是彰显以人为本的特定机制。从内容上来看，园本课程开发比较注重课程目标、课程实施与评价、幼儿园教育目标等与课程发展有关的变化和结果。通过此多元的结果和变化过程来看，课程评价的内容也是多样的。首先，课程评价与如下层面紧密相连：课程实施、课程设置、课程效果。其次，课程评价强调将幼儿发展作为指标，重视全面考察儿童的发展。从过程上来看，如前所述，园本课程开发的过程本身就是一个不断完善、去粗取精的动态历程，因而注重形成性评价与总结性评价、质的评价与量的评价相结合。

一、幼儿园园本课程的评价类型

从本质上来讲，评价是根据一系列重要的目标收集并整理数据以做出价值判断的过程。既然是价值判断，就会因不同的人、时、物而产生不同的判断结果，从而产生不同的判断类型。幼儿园园本课程的评价大致有以下几种类型。

（一）从评价时间上划分

1. 背景性评价

此处借用校本课程的解释，即背景性评价是针对校本课程开发中有关学校师生发展水平、需求状况、资源基础和政策宽度等方面的信息而做出的综合判断，它是在课程发展的准备阶段进行的活动。其作用在于诊断课程开发的相关背景，如幼儿的兴趣与需要、教师的能力与意愿、幼儿园的现实状况、地方需求与期望、课程材料的特点与质量等，在一定程度上优先预测教育的需要，为课程的设计与发展提供适时的、合理的信息。

2. 实质性评价

这里也参考了校本课程的阐释，也就是说，为测评课程开发产品的组成或者相关组成要素、相关活动组织是不是正确、科学，从而展开的研判过程，就是实质性评价。其出现在设计园本课程的时期，是对课程编制预案或者借助课程规划的考察、获得的经验数据而展开的研判。课程的显著特点是其核心，并非课程的最终成效。换言之，实质性评价考核的课程特征是课程目标和教学材料间的适应性、课程目标的准确性，还有内容的必要性、合理性以及覆盖面等状况。

3. 总结性评价

在执行课程后，充分地研判设计的课程质量，这就是总结性评价。总结性评价基于儿童学习的实际情况，通过课程开发结果或课程计划的整体有效性来评估儿童是否在各个层面上都取得了进步。总结性评价的目的是评估课程计划的合理性和最终有效性。

（二）从评价关注问题上划分

1. 内在评价

内在评价即对课程计划本身的评价。它关注的是课程计划的内在价值，也就是"这项课程计划的优点何在"。而对课程的各具体要素及其整体编排进行理性的分析则是对这一问题的最好回答。

2. 效果评价

效果评价即对课程实施效果的评价。它关心的是课程计划对幼儿产生的结果，也就是预先设定的课程是否达到目标，达到的程度如何。而考察课程对幼儿产生的影响是判断其效果的重要依据。

以上评价类型的划分，主要是依据课程发展时间以及课程发展过程中遭遇的问题来进行的。事实上，各种不同的评价类型都有其相通、相融之处，并不是孤立存在的。园本课程评价需要多种类、多形式评价的共同参与，有机结合，互补长短，以增强其评价的有效性和准确性。

二、幼儿园园本课程的评价内容

评价内容是课程评价的重要依据。不论学校的课程评鉴范围如何，为能有效收集所需资料，避免评鉴资料流于主观，学校应设法建立评鉴指标，作为课程评鉴的具体项目。一般来说，课程评价的内容主要包括三个方面：课程设计的评价、课程实施的评价以及课程效果的评价。但这并不是唯一指标。在对课程评价研究的过程中，不同的专家学者对课程评价的过程提出了不同的看法，相应地也影响了评价内容指标的确立。例如，泰勒注重行为目标的评价，把课程评价过程分为用行为术语订定目的、发展测量工具、收集资料和数据、诠释结果、订定建议等；普罗瓦士（M. Provus）则强调学程的表现，从方案设计、方案实施、方案成果以及方案成本和效益等方面对课程进行评价。而本书评价内容的确定，一方面以园本课程开发的目标为依据；另一方面以各位学者对课程过程的不同判断为参考，由此确立了园本课程评价的内容指标。

园本课程评价的内容指标由课程开发的过程层面和课程开发的结果层面组成。课程开发的过程层面又包括课程整体和课程局部（目标、内容、实施、评价）两大类。课程开发的结果层面的参考指标则有参与人员和课程成果两大类。当然，此内容指标仅做参考之用，不同的课程开发情境、不同目的和范围的课程开发评价需要不同的内容指标。

第三节　幼儿园园本课程的设计

　　新时代到来后，在建构园本课程方面凸显了个性化和地方化的追求。在此背景下，幼儿园课程发展更倾向于将幼儿园视作课程发展的主体，以此整合内部课程体系。园本课程的设计人员需要有正确的教育理念，兼顾儿童成长的规律和个体之间的差异，对以儿童为主体的课程目标进行设计规划。教育与生活有十分紧密的联系，因此在设置幼儿课程内容时可将身边的小事纳入其中；精心挑选儿童都十分熟悉的生活内容，从儿童日常所见、亲身感受到的内容出发，指引他们运用体验、直接感受与实践的方式加入活动。这些精心设计的课程，可以为儿童的发展做好铺垫。

一、以幼儿发展为本设计课程目标

　　《3～6岁儿童学习与发展指南》（以下简称《指南》）强调，学前教育应严格根据儿童的学习特征与成长规律来展开；同时，重视儿童生理和心理的发展，关注儿童的个性化发展。这是现代学前教育发展的新要求，也是课程设计的基础。只有满足儿童个性发展的需求、遵循儿童的成长规律，才能设计出科学、有效的课程，让其与儿童的发展更吻合。

（一）对照《指南》目标，评价幼儿发展

从2006年开始，制定《指南》的工作逐渐步入正轨，将东部和中部以及西部的一些3～6岁的儿童和家长当作研究样本，确保研究的儿童身心发展特征凸显相应的普适性。但是，各地区的幼儿园其特征不同，因此儿童的个性特点也存在一定差别。因为在设计园本课程时，需要在该幼儿园儿童的发展现状以及当前所得经验的基础上展开。所以根据《指南》的目标，通过从多个层面观察记录儿童在一天中的言行，对该园各年龄儿童的发展、相同年龄中各儿童的发展状况进行研究。比如，通过观察发现，因儿童的经历和家庭环境等方面的影响，该幼儿园儿童的交际能力与表达能力均比《指南》的目标高，但是其体能水平与动作方面则比《指南》的目标低一些。在评价儿童情况的基础上，我们细化分解了当前《指南》的目标，从而制定有利于儿童发展的课程目标。

（二）确定最近发展区，制定课程目标

通过观察、研究该幼儿园儿童的发展现状，我们细化了《指南》的目标，对儿童的最近发展区进行明确，从而推动各年龄阶段的儿童健康、有序发展。对于该幼儿园儿童整体发展高于《指南》当前目标的部分，应全面分析该幼儿园儿童发展的最低及最高水平，将该层面的目标要求提高，应在上学期和下学期落实。同时，将实际表现呈现出来，便于教师参考。对该幼儿园儿童整体发展水平比《指南》要求低的部分，我们会适当调整目标，并进行细化处理，助力儿童稳定发展，从而与目标相匹配。

1. 对于《指南》目标的扩充

例如，对《指南》中5～6岁语言目标2的倾听和表达中的第四条进行扩充，在该幼儿园此项目中幼儿的整体发展水平基础上，我们对目标进行改进，具体见表3-1。

表3-1　对《指南》中5~6岁语言目标2的倾听和表达中的第四条的扩充

项目	上学期细化目标	下学期细化目标	具体表现
目标2：愿意讲话并能清楚地表达	第四条：讲述时能使用一些常见的词汇，语言表述流畅	第四条：讲述时能使用常见的形容词、同义词等，语言比较生动	（1）在讲述中能够使用事物的规范名称。 （2）用准确恰当的词汇讲述直观的事物特征或现象。 （3）准确地运用名词、形容词、方位词等词汇讲述事物的各种特征，语言比较生动。 （4）讲述时能使用常见的形容词、同义词等，语言比较生动

扩充《指南》的要求，可以为幼儿园儿童的快速、健康发展提供合理支撑，让其与儿童的实际状况更贴近。

2. 对于《指南》目标的分解

例如，对《指南》中5~6岁健康层面动作发展目标2中的第三条进行分解处理，在该幼儿园此项目中孩子的整体发展水平基础上，我们分解了相应目标，详见表3-2。

表3-2　对《指南》中5~6岁健康层面动作发展目标2中的第三条分解处理

项目	上学期细化目标	下学期细化目标	具体表现
目标2：具有一定的力量和耐力	第三条：能动作协调地单脚向前跳5米以上	第三条：能单脚连续向前跳8米左右	（1）能够动作比较协调地参加单脚跳的游戏。（如"斗鸡"等） （2）愿意参加单脚跳的游戏，能够动作比较协调地向前跳5米左右，很少有双脚撑地的动作。 （3）参加单脚连续向前跳的游戏，基本能够向前跳8米左右，身体平稳，动作灵活

分解处理《指南》的目标，对儿童动作发展目标进行细化，以满足《指南》在此方面对相应阶段儿童的要求。

3. 确定园本课程的目标

在扩充、分解《指南》的目标要求时，园本课程设计人员充分了解了该幼儿园儿童的发展现状。在此基础上，与当地具体现状、家长需求、我国教育目标以及幼儿园实际情况等有机融合，我们对园本课程目标进行了明确。

对课程内容进行设计时，将儿童生活作为主要来源。

儿童的经验大多从生活中而来。生活是绚丽多彩的，挑选生活中有利于儿童发展的内容，在兼顾其个性和需求之时，对经验进行提升，让教育来源于生活，并为儿童未来的生活提供高效服务。处于各年龄层的儿童，因其经验存在一定差别，所以课程内容也有相应不同。例如，小班的儿童，其显著特征是比较自我，家庭是其生活的核心。我们甄别与这个年龄阶段儿童认知水平相符的，与其日常生活比较贴切的内容，包括我的幼儿园、自己的身体和我的家庭等。同时，慢慢转向幼儿比较了解的环境，助力其拓展自我的认知。中班的幼儿在生活中会逐步向关注他人过渡，在筛选内容上，更倾向于指引幼儿深入认知周围的环境，例如，自己的家乡、所在的社区以及季节更替等。大班幼儿的表达能力和思维能力都有显著提高，在设计课程时会侧重于幼儿的生活，如节假日或幼儿园举办的相关活动等，借助这些重要事件，助力其积累更多经验。

在一些儿童日常生活中出现的主要话题上，针对各年龄层的儿童，在内容设置方面也有一定不同。比如，儿童对买东西这一行为都比较熟悉，在这一过程中有儿童发展所需的丰富经验。在小班，教师可在班里设置幼儿都熟悉的便利店或者超市等，让幼儿参与游戏，从而积累更多经验。在中班，幼儿的生活圈更大一些，他们的交流沟通能力也比小班强，有与外部互动的需求。因此，教师可使用参观商铺、社区等方式，让儿童切身体会成人的消费形式，以此拓展自己的经验。在大班，幼儿既对消费购物有浓厚的兴趣，还会十分关注交易中的劳动人员，对这些超市、便利店中的员工与收银员有强烈的好奇心。因此，在设计内容时，教师可在班里设置一个超市，让幼儿体验由服务员到消费者的过程。

二、以幼儿行动为导向设计课程实施

（一）创设真实的体验情境

一般情况下，幼儿是一边玩或者做，一边学习的，其在感知与体验中不断增加自身经验。所以，幼儿学习的可靠路径，就是对真实的情境进行创设。比如，前面提及的模拟超市，儿童在调研、参观和细致准备以及设计之后，由好奇切换至实际经验需要依托真实的现场。与幼儿联合创设真实情境，让他们参与发传单、设计环境、编制海报、介绍商品、消费以及结账等环节，进行切身体验。

在深入体验实践中，儿童的艺术创造、实践操作能力、计算和表达交流等经验相结合，将获得更深刻的认知，体验也更完整。在实践操作中出现的问题与预设的问题有显著区别，这是幼儿遇到的真实难题，可以激发其深入探索的欲望，促使他们进行不断研究。

（二）走向真实的自然环境

既可以安排幼儿在园中体验感知，也可以带领幼儿走出幼儿园，到社会和大自然中去，与大自然进行一场亲密的接触。大自然是绚丽多彩的，也是最真实的，可以有效调动幼儿学习的兴趣，让他们快速投入探索自然的情境中，有利于其积累丰富经验。因此，在实施园本课程时，不能局限于幼儿园的体验，还应将目光投向周围的社会与大自然中，这是十分真实且难得的教材内容。让幼儿徜徉在大自然中，调动他们探索自然的热情与积极性，引导其进行深入体验，通过亲身体验可以获得深刻启迪，增长知识。通过能够看到、触摸到、听到的环境，对真实的问题与情境进行感知，同时将时间交还给幼儿，师生一起探索自然，指引幼儿全面探索大自然。例如，到公园远足，幼儿在自然中看到、想到的事物会更多，参与的活动也会更丰富。（见表3-3）

表3-3 园本课程中自然资源的利用

资源名称	内容	可体验的活动
自然资源	花、树、鸟、泥土、野菜、草、蒲公英、桃花、樱花、黄金条、昆虫等	（1）看一看，找一找，认一认。 （2）相机拍一拍，比较观察。通过查阅资料了解植物的名称、习性等特点。 （3）画一画。 （4）挖一挖野菜，捡一捡果子。 （5）找一找自然物，带回班级作为进一步学习探索的资料

第四章

基于地域文化资源的幼儿园园本课程开发利用

第一节　基于地域文化资源的幼儿园

园本课程开发利用的理论解读

一、地域性园本课程资源与地域性园本课程资源开发

（一）地域性园本课程资源

课程资源、地域联合构成了地域性园本课程资源。其中，当地、原始地区即为地域。学生与教师以及学校在特定行政区中，可以体现人们文化的心理，并包含正向教育内涵的特定内容就是地域性园本课程资源。其主要有社会经济、自然环境以及人文等。①刘杰指出，属于课程活动范畴，有环境资源、人口、历史文化以及自然资源等，对课程目标落实有积极作用的本地条件与素材以及精神力量就是地域文化资源。②综上所述，地域性园本课程资源的定义就是指所有对课程目标的落实有积极作用、包含地域特征的因素，是本地自然资源、人力和人文以及人力资源的综合。

（二）地域性园本课程资源开发

从本义来看，开发即劳动的对象是水利、矿山、荒地以及森林等资

---

① 黄浩森.乡土课程资源的界定及其开发原则［J］.中国教育学刊，2009（01）：81-84.
② 刘杰.许昌市高中历史乡土资源课程利用研究［J］.上海：华东师范大学，2011：3-4.

源，对这些资源进行发掘，旨在进行充分应用。在此次研究中，对地域性园本课程资源开发进行界定，即所有对课程目标的达成有积极作用、包含当地显著特征的因素，包括当地的自然资源、人力、人文资源以及物力等，并对这些资源进行发掘与开采，从而进行全面使用。

二、理论基础

（一）生活教育理论

陶行知先生提出了生活教育理论，该理论来源于杜威确立的"教育就是生活"这一理念，不仅用词出现了变化，而且其具有的意义也出现了一些变化。

陶行知先生指出，与传统教育中的生活相比，生活教育的生活有不同之处。生活教育的特点有以下几个方面。第一，生活的。教育展现的具体状况与结果就是生活。第二，行动的。凸显了行动的主导性。理论来源于行动，对行动有引导作用，该理论是有目的及组织性的斗争的行动。[①]第三，大众的。这是生活教育的主体。民众为生活解放从而组织设立的教育。第四，前进的。前进的生活教育，民众都认可；通过这样的生活教育，将人从滞后的生活中解放出来。第五，世界的。教育的场所就等同于生活的场所。

（二）生态系统理论

布朗芬布伦纳确立了生态系统理论，该理论侧重于儿童发展的情境性。其制定的生态理论模型主要是在下列系统中对儿童进行分析。

（1）微观系统。微观系统即与儿童有直接关联的环境，如伙伴、家庭和幼儿园等。家庭就是儿童初期的微观系统。儿童逐渐成长，其微观系

---

① 陶行知. 教育的真谛［M］. 武汉：长江文艺出版社，2013：48.

统也越来越多，而对儿童影响比较大的微观系统则是幼儿园。各微观系统间有相应关联，儿童与成人间具有双向的影响，比如，家长将食物递给儿童，儿童感到饥饿时，会哭着向家长要东西吃。

（2）中间系统。中间系统即不同微观系统间与外在系统间共同发挥桥梁功能的系统。在幼儿发展上，不同微观系统间的有效联结有积极作用，反之，也会导致消极的后果。[①]例如，家长十分溺爱幼儿，幼儿就是小公主、小王子，那么在幼儿园，幼儿就可能与同伴无法合作、不能建立和谐的关系，并且让教师比较头疼。

（3）外在系统。外在系统即与儿童没有直接接触，但可以影响到儿童的环境。比如，社会福利制度、附近的邻居、家长的工作性质以及媒体等，均会对儿童的认知发展造成一定影响。

（4）宏观系统。宏观系统即最外层的系统，如社会环境、价值理念和文化等。

（5）空间与时间系统。空间与时间系统即儿童所处的社会历史条件。

生态理论模型把这五个系统相关联，让其互相作用。因此，在分析儿童的发展方面，不能仅关注微观系统，还需要兼顾其他系统。

1. 构建主义理论

将学习者已经掌握的知识和经验转换成新的知识和经验，这一过程就是教学，这是构建主义学习理论的观点。该理论还指出传递知识并不是教学，处理和转换知识才是教学。反过来，学习不是简单地从教师那里接受知识，而是学生主动构建知识的过程。在这一过程中，教师的定位从知识传递者变为学习辅导者和合作伙伴，教师的作用由提供、灌输知识变为帮

---

① 刘杰.关于布朗芬布伦纳发展心理学生态系统理论 [J]. 中国健康心理学杂志，2009：251.

助、促进构建知识。

在学前教育的课堂中，积极引进乡土课程资源，是学前教育探索构建主义的重要体现。在学生接受园本课程资源提供的地域文化熏陶的基础上，教师通过"润物细无声"的方式对其进行引导，他们解释问题的逻辑和接受知识的程度逐渐发生变化。其中，教师负责组织、引导教学过程，而学生在学习中发挥主导作用，是知识的主动构建者，教师只起帮助、促进的作用。两者实际上就是学习伙伴、学习共同体，对教师来说，学生也是一种学习资源。在这种模式下，教师与学生、学生与学生之间的交流合作得到了加强，两者可以共同学习，共同进步。

2. 皮亚杰的认知发展理论

当主体受到新的刺激时，为了实现知识的同化，需要通过已经存在的认知结构将其整合到自己的认知结构中，这就是皮亚杰的认知发展理论。学生结合国家统编教材中的知识框架来学习乡土课程，不仅可以加强对统编教材知识的掌握，还可以了解地域文化，增强民族自信心和认同感，丰富学习内容，从而激发学习的积极性和主动性，提高学习效率。

3. 巴班斯基最优化教学理论

教师以学生实际的学习情况为基础，结合其他各方面的因素综合考量后，选择一种能够加强学生与教师之间交流互动的、活跃课堂气氛的、有助于达到理想教学效果的最为合适的教学模式，这是巴班斯基最优化教学理论的核心——简而言之，就是在有限的课堂时间里实现教学效果的最优化。

相较于国家统编教材，乡土课程资源更加生活化，离学生的距离更近，容易引起学生的关注和兴趣。将乡土课程资源应用于课堂教学，不仅是教学模式的创新，还丰富、优化了课堂教学的内容和形式，有利于达到理想的教学效果。

三、挖掘地域教育资源的必要性

幼儿园所在地域，历史底蕴深厚，地域文化资源非常丰富，可以为该地幼儿的发展带来可靠支撑。对该地的课程价值进行全面发掘，并进行充分应用，让该地课程建设的模式与内容更加多样，从而推动儿童健康、有效发展。因此，对当地的地域文化资源进行全面挖掘，具有十分深远的意义。

四、开发地域性园本课程资源的意义

（一）课程内容生活化

对儿童而言，对他们有吸引力的内容就是那些能够体验的，能够看到、触摸到的内容。只有那些能够激发幼儿强烈好奇心的内容，才能吸引他们的注意力，让其沉浸其中，有利于提升学习质量。因此，我们需要全面探索与幼儿生活比较贴近的内容，对地域性园本课程资源进行全方位挖掘，并展开合理选择与整合，让这些资源更贴近生活，让幼儿愿意接触这些内容，从而优化学习效果。

（二）课程内容多样化

地域性园本课程资源的范围很广，包括特色资源、自然资源、民间资源以及社区资源等，是潜能无限的课程资源库。只要对其进行充分发掘，应用那些有利于儿童发展的素材，将其纳入园本课程，可以为优化幼儿的素质奠定良好基础。

（三）幼儿主体性发展的需要

因为地域教育资源均与幼儿生活有密切联系，幼儿可以真实地接触到、感受到，所以幼儿非常喜欢这些事物，对它们有强烈的好奇心。这样有助于其快速沉浸其中，并对这些事物进行充分探索，积累更多的经验，从而凸显幼儿学习的积极性与自觉性。

五、地域性园本课程资源开发利用的价值

(一)对地域文化资源进行发掘应用,推动幼儿健康发展

以苏北乡村幼儿园为例,该幼儿园教育资源比较少,应对地域化自然资源进行全面开发并充分使用。这对幼儿园的健康、有序发展,对幼儿的身心发展具有积极影响。较之其他课程资源,乡土课程资源的特征主要有实践性、可行性、亲历性以及具体化。因为该资源就是幼儿身边客观世界的生活,所以他们可以进行直接触摸、观察、切身感受、描绘,实践上也比较便捷,具有显著的优势。对教学过程与内容进行改进与调整,开发与使用乡土课程资源,能让幼儿更加熟悉周围的人文生态与环境,激发其爱家爱国的情感,让社会责任教育与爱国教育更加具体,从而为培养儿童热爱祖国之情埋下伏笔。

(二)对本地资源进行开发优化,让内容更加丰富

借助当地教育资源,对充满乡土特色的教育活动进行设计。同时,借助丰富多样的形式进行落实,满足幼儿强烈的探索需求,通过实践操作增长见识,还能培养幼儿爱护自然与环保的精神。

(三)组织多种形式且合理的教学活动,让教学充满活力

乡土课程资源将生活作为开端,为内容选择提供更加广阔的空间。在借助周围资源实施相应活动时,教师依据幼儿的偏好,让他们应用讲述、观察以及探讨等方式,促进教育活动持续推进;同时,培养幼儿的探究精神与自主学习的习惯。

(四)及时转换教师的角色,推动教师专业稳定有序发展

在实施园本课程时,教师还需要不断转换自身角色,掌握良好专业技能、优化知识结构。教师应逐步向引导者、探究者、促进者等角色转变。那么,怎样才能促进教师转变呢?通过实践来看,比较合理且可靠的一个

路径就是对乡土课程资源进行开发利用。在此过程中，可以增加教师的阅读面，让其更加重视当地的人文环境与自然环境现状。

六、对地域性园本课程资源的利用原则

（一）合理性原则

首先，要根据幼儿的年龄合理开发地域性园本课程资源。人的智力发展，在幼儿时期最快也最重要。不同年龄的幼儿，其学习兴趣和学习能力也明显不同，教师要充分了解不同年龄幼儿的学习需求，据此开发地域自然资源。其次，教师在设计地域活动时，要结合地域自然资源的特点，将自然之美融入幼儿园地域游戏活动中。例如，用鹅卵石铺设的各种动物图案、贝壳制成的风铃、台灯上的植物花纹等。教师可以将生活中常见的、能够代表地域特色的资源应用到活动设计中，培养幼儿的审美情趣。

（二）经济性原则

从一种角度来看，地域性园本课程资源是无穷无尽的。比如，光滑多彩的鹅卵石可以为幼儿创作提供灵感；使用过后，教师还可以在活动地域的小径上，用其铺设各种图案，来培养幼儿的审美情趣。但从另一种角度来看，地域性园本课程资源是十分有限的，比如，活动中使用的花环是用地域资源中的花草制作的，如果平时不多加保护，任意践踏采摘，就会失去这一重要资源。因此，教师在开发地域活动资源时，要注重资源的保护和重复利用，让幼儿从小就学会珍惜资源，保护地球。

（三）安全性原则

教师将地域性园本课程资源应用于室内地域活动时，要将幼儿的安全放在第一位。比如，在废物利用活动中，教师要特别注意材料的分解、气味、重量、形状等；在使用花草制作手工作品时，尽量不要选择带刺的植物，了解幼儿是否对花粉过敏等。幼儿的皮肤薄，容易受伤，并且还未形

成较强的自我保护意识，教师一定要加强对材料的检查和筛选。

（四）趣味性原则

教师要坚持趣味性原则来开发地域活动资源，多为幼儿设计一些具有生动性、趣味性的地域活动。这不仅可以促进幼儿积极参与活动，体会活动的乐趣，激发对学习的兴趣，还有助于幼儿发散思维，进入深度学习状态。通常幼儿的想象力丰富，思维大胆活跃，教师要遵循幼儿的身心发展规律和学习规律，在此基础上循循善诱、因材施教，开发幼儿的探究和学习能力。

七、地域性园本课程资源开发利用实施的原则

（一）目标性原则

开发园本课程需要与《幼儿园教育指导纲要（试行）》相匹配，应当具备一定的理论基础，凸显先进性。同时，应是幼儿园在长时间的探究中慢慢生成的、新的价值目标。此外，该理念不仅是具体的，渗透在儿童生活的各个层面；还是活的，能够顺应时代发展的潮流，不断更迭升级。对教学目标与课程目标有比较清晰的认知，按照具体需求，对乡土课程资源进行筛选，不可盲目、随意地应用。

（二）经济有效原则

对乡土课程资源进行开发与使用时，还应考虑到适用性与可操作性。同时，其与教科书相匹配，可以为幼儿的健康发展带来正向作用，提升幼儿的素质。

（三）和谐性原则

优化整合教材内容、乡土课程资源和儿童的情感与认知等，让其更加和谐。发掘地区文化资源，能构建别具一格的地方性园本课程，让课程更加多元化与乡土化，从而拓展儿童的学习空间。同时，它还能让课程与幼

儿生活、幼儿周围的客观世界以及社会现实更接近，有利于幼儿充分了解大自然。

（四）开放性原则

乡土课程资源覆盖面广，具有丰富的内容和多样的形式，教师要坚持开放性原则对其进行开发和运用，这就要求教师要积极开发和运用一切有利于课堂教学、能够满足幼儿学习需求的资源。开放性具体表现在三个方面。一是类型，即开发利用一切有利于提高和实现教学质量、教学目标的课程资源，且不拘泥于某种固定的方式和类型。例如，雷州市可以开发利用的课程资源包括地域的实物、文本、非物质文化以及网络等资源。二是空间，即在家庭与社区、城市与农村、室内与室外等广泛辽阔的空间中去开发利用课程资源。例如，幼儿既可以参观雷州市博物馆的展品，也可以参观历史遗迹等。三是途径，既要积极探索和创新，使用各种有效的方式和途径来开发利用资源，不要总是墨守成规，不懂得与时俱进；也要结合具体情况，选择合适的方式途径，加强不同方式途径的协调与配合。

八、地域文化资源开发与利用过程的注意事项

（一）找准地域文化资源与园本课程的切入点

在利用地域文化资源时，教师还需要兼顾到附近的地域文化特征，并将其纳入课程教育的范畴，以此构建独特、新颖的园本课程。因此，在应用文化资源的过程中，教师应正确定位园本课程和地域文化资源的切入点，一切"往里看"。也就是说，教师可以引导幼儿多熟悉自己家乡的文化，接受历史文化的浸润，并逐步缩短历史和现实之间的距离。充分凸显幼儿园课程的多元化与乡土化，这既可以拓展幼儿的学习空间，还可以让其更加熟悉周围的现实世界。

（二）明确指导思想和课程开发目标

《幼儿园教育指导纲要（试行）》提出，当前在开发应用地域文化资源时，需要全面落实这些理念：首先，构建园本课程需要与纲要的规定和标准相匹配；其次，在构建课程的同时，还应全面实施"科学性、先进性"；最后，在使用园本课程前，需要经过长时间的探索与实践，从而确保该课程的应用效果良好，让其具有真正的教育价值。

此外，发掘特色园本课程的基本目标为：一方面，让幼儿接受历史文化的熏陶，让其熟悉家乡的风土人情和文化，从而培养幼儿热爱家乡、热爱祖国的思想感情；另一方面，还需要对幼儿的实践操作能力、团结精神以及观察能力进行有针对性的培养，以此对其言行与理念进行规范。

第二节　提高教师运用基于地域文化资源幼儿园园本课程能力的策略

一、重塑幼儿园教师地域性园本课程资源观

在当地广泛分布、能够代表地域特色且具有一定价值的资源就是地域性园本课程资源。若教师想要实现教学资源自由，就要合理巧妙地挖掘并利用地域性园本课程资源，促进课程资源丰富和完善。对有利于改善和促进教学要素的地域性园本课程资源，教师持有的独特自觉性和敏感性能促进教师时刻关注显性的地域教学资源，并对其有全面正确的认识；对于隐性的地域教学资源，会针对性地进行挖掘；对于生成性的教学资源也能及时发现，还能有效整合不同的教学资源要素，并灵活地运用于教学实践中，进而产生想要优化教学活动的心理活动或倾向就是教师的地域性园本课程资源观。建立地域性园本课程资源观，需要教师全面正确地认识地域性园本课程资源的价值、幼儿园的课程以及幼儿身心发展的特点及规律等。但在实际的教学过程中，教师在以上方面存在不同程度的欠缺。针对教师地域性园本课程资源观的重塑，本节提出以下策略：一是打破传统教学资源观念，二是对资源价值建立正确认知，三是对一切有益于教学的资源进行合理的选择、开发和利用。

（一）从无目的到有意识

1. 梳理地域性园本课程资源库

对幼儿来说，当地资源的优势在于直观形象且容易获取，这是著作《中国教育改革40年：学前教育》对地域性园本课程资源的评价。地域性园本课程资源因为分布广泛，比较常见，常常被当地人忽略，尤其是饱含教育意义的资源。为了深入了解地域性园本课程资源，某幼儿园进行了大量的实地走访和问卷调查，构建了人力、社会、自然三类资源库，并分类整理和规划这些资源库，以促进教师全面了解和认识地域性园本课程资源。比如，如何高效快捷地取用资源、资源的使用怎样跟进、资源等级的划分能否以资源使用的次数和效果为依据等。

2. 建立园本化机制

园本化机制的建立与健全，有助于幼儿园在挖掘利用地域性园本课程资源的过程中，对实施主体、挖掘范围、利用空间、储备要求、更新要求以及评价指标进行明确，保证计划有条不紊地实施，促进实施过程的及时跟踪与反馈。例如，建立三个职责小组分管各年级组的资源库。在管理上，年级组长负责统筹规划，组员协同配合；同时，幼儿园的管理制度要坚持民主开放的原则，强化教师在课程中的主导地位，对教师开发课程、设计课程以及评价课程给予支持和鼓励，帮助其树立正确的资源观、育儿观以及课程观。

（二）从有互动到勤交流

1. 实行互动式呈现

教师和幼儿能否顺利地开展探究活动在很大程度上取决于地域性园本课程资源的呈现方式。通过对调查结果的分析，笔者发现大多数教师都会基于教学经验以及幼儿的兴趣点选择较为便捷的教学资源，对于现有的电子资源库则很少使用。据此，教师应该将教学资源以任务、分层或者更加开放的形式呈现出来，这样的呈现更加直观，方便师生使用，也促进了教学资源和地域性园本课程资源的融合。

首先，要鼓励幼儿积极主动地收集地域资源材料，并在幼儿园的显眼处将其开放式地呈现出来。例如，将地域性园本课程资源材料装入透明容器，教师引导幼儿根据材料的名称、数量等共同制作标签，方便师生取用。幼儿园地域性园本课程资源材料丰富多样，而可视化的呈现方式使师生取用课程资源材料的过程变得快捷高效。师生共同参与课程资源材料的摆放和设计，往往能够迸发更多的创意和灵感，达到事半功倍的效果。

其次，构建基于三级资源共享站的分层式资源呈现体系，三级包括班级、年级和园级。例如，通过班级资源回收站，教师可以将幼儿家中可循环利用的废旧材料收集起来，经过整理筛选后再投入班级的资源共享站。

最后，要带着任务意识，根据幼儿的年龄和生活选择与其相适应的资源材料。例如，不同年级教师要根据幼儿的学习需求和特点，将不同的树枝材料投入美工区，小班以简单的创意游戏为主，比如，敲打、绘画等，教师投放颜料和树枝即可；中班以创意组合为主，教师需要投放不同长短粗细的树枝、剪刀、颜料等；大班以自由创意发挥为主，教师需要投放不同的树枝、卡纸、剪刀、彩笔、颜料等。

2. 强化资源共享意识

开发利用资源是为了更好地教育幼儿，促进其全面发展。但是在实践中，有些教师本末倒置，只关注资源的开发利用，忽略了资源与幼儿的联系。基于这种情况，班级、年级以及园级之间要加强交流与合作，积极开展教师分享会、课程研讨等活动，大家共同探讨交流育儿观点和经验。例如，教师在课程研讨中，依据幼儿的年龄特点和发展规律，对地域的各种资源进行深度挖掘和巧妙利用，使资源的开发利用和幼儿经验有效衔接。

（三）从深研讨到再考察

1. 深入研讨，组织学习培训

第一，教师要不断开阔视野，及时更新思想观念。教师的地域性园本课程资源观可以通过学习观摩其他的优质幼儿园得到很好的塑造，在这一过程中教师利用资源、创设环境、设计活动以及展现特色的思维和眼界都会有所提升。教师回到园内，还可以通过讲座、交流会的形式将自己的心得体会分享给其他教师。

第二，有效落实园本培训，保证理念和行动同步。为了提高教研活动的发展性和实效性，幼儿园在确立教研主题的时候要加强与教师的交流沟通，了解他们在开发利用课程资源中遇到的困难。例如，为了提高教师利用某类资源的能力，幼儿园以此为目标制订、实施园本培训计划。

2. 实地考察，拓宽资源渠道

加强与家庭以及社区的交流合作，对各种教育资源进行综合有效的利用，做好幼小衔接，创造良好条件促进幼儿全面、可持续发展，这是《幼儿园教育指导纲要（试行）》对幼儿园提出的工作要求。在培养幼儿观察、社交以及动手能力方面，大自然和社会有着天然的优势；作为一种珍贵的教育资源，幼儿园应该加强对社会和大自然的利用。为了给幼儿创造更加开放自由的学习空间，教师要积极探索幼儿园周边的教学资源，通过细致的观察，挖掘各种教育素材，同时还要保证幼儿的健康与安全。例如，教师在活动之前亲自去农耕园考察，规划路线，设计活动内容，并拍摄照片。这样，幼儿对农耕就会有直观、具体的了解。

3. 注重评价，反思生成课程

对于课程发展价值的实现路径，教师已经有了正确的认识，即通过实施课程，与各种环境进行有目的的互动。教师要想重塑地域性园本课程资源观，需要对教学实践进行反思，培养地域性园本课程资源意识，然后在实践中进行优化和完善。通过课程资源观的重塑，教师利用地域性园本课程资源的能力得到了提升，同时幼儿经验与地域性园本课程资源的关联性得到了增强。

二、组建乡土课程资源库

在建设乡土课程资源库时，应考虑幼儿发展的实际需求，满足教师在乡土课程方面的具体需求，纳入全部的课堂实录、地域文化资源、教师教学心得实录以及园本课程等，借助资源化网络，从而实现资源共享，为组织相关活动奠定基础。

（一）确定研究成员

在研究方面，个人能力存在一定的局限性，通常在极短时间内都是在一个层面展开探索，导致乡土课程资源不完整、不充分，在实施上不能细化、无法落实。为了收集更多的乡土课程资源，组织执行与幼儿发展相适应的乡土活动，应调动全员的积极性，让所有教师都参与其中，为收集更完整的资源，及时完成课程建设的任务做好铺垫。

（二）收集甄选资源

为了构建乡土课程资源库，可设立园级研究课题组，对不同小组的职责进行细化，设置QQ群。各小组采用走访实地调查、听周围的人讲故事、查阅县志、拜访民间艺人以及参与基层劳作等方式，对地域文化资源进行收集。各小组还可以通过网站与微信等途径大量收集地域文化资源，可应用图片和录音等形式的资源。最后，课题组还应进行梳理汇总，因为并非全部资源都能进入资源库，学前教育这一学习阶段比较独特。所以，既需要对幼儿有强烈吸引力的事物，不能纳入枯燥乏味的内容，还需要有利于幼儿健康发展的教育资源。教师应进行细心整理，精心挑选，借助有价值的素材，对教材进行设计编制。通过不断的探索与提炼，经过不断的实践，以此形成课程架构。同时，系统地整理与归纳地域文化资源，为构建框架网络打下坚实基础。

（三）搭建课程框架

对地域文化资源进行划分，主要包括人力资源、物质资源和自然资源以及人文资源，从而生成资源库一级框架。然后，借助团队探究的优势，归纳梳理内容，把比较零散的内容变成具有一定价值的内容。同时，通过视频录像、文字线索和课堂教学实录以及图片记录等进行呈现。

在上文提及的自然资源一类中主要涉及矿物类、植物、地形地貌和水资源等二级目录；其中还有三级目录，包括仓鼠、小香猪等多种动物，农作物与花卉等多种类型的植物。这些均为素材点，有视频和图片等多种形式的资源，以便幼儿园教师借鉴利用。

三、开展丰富的园本研训活动

对幼儿园的实际情况进行综合考量后，包括幼儿园的师资力量、基础设施、软硬件配置、发展方向、地域定位等，再对培训项目进行设计研究，使项目以某幼儿园为中心，即在园内开展，利用某幼儿园资源，促进某幼儿园发展，幼儿园开展的这类教育教学研训活动即为园本研训。不难看出，园本培训以某幼儿园存在或可能存在的保育保教问题为活动对象；以某幼儿园教师为活动主体，当然需要幼儿的参与和反馈，活动才能得以展现；以提高保育保教质量、提升教师专业素养以及提高幼儿园教育理念、教育行动人性化和先进程度为培训目的。

推动教师健康发展，这不仅是园本研训活动的根本目标，还展现了研训活动的具体价值。①因此，在组织举行与乡土课程资源有关的园本研训活动时，应选择利用与教师实情、特征相匹配的研训模式和研训内容，最大限度地激活研训活动。应用多样的方法和内容，激励教师积极参与，让其在研训过程中充分发挥主观能动性，勉励其收集更多资料。同时，指引其在研训活动中积极地探索和沟通，促进教师快速成长。

---

① 李浩泉，李姗泽. 课程资源开发利用内驱力的缺失及对策思考［J］. 教学与管理，
　2008（01）：19.

第三节 基于地域文化资源的幼儿园园本课程开发利用的建议与实践

一、地域性园本课程资源在幼儿园中的开发利用建议

在课堂教学过程中，教师需要不断改进教学模式，充分挖掘周围的自然资源进行教学，让幼儿可以触摸到大自然的气息，感受到大自然的生机与活力，从而增强幼儿感知地域文化的敏感性；鼓励幼儿积极探索园本课程，培养儿童从实际出发感知文化的良好行为，以此显著提升教学效果，不断优化幼儿的素养。随后笔者还对开发利用地域文化资源的方式与途径进行阐述。

（一）积极挖掘地域文化资源，优化园本课程教育

幼儿园教师在开发地域文化资源的过程中，可通过社会环境资源、自然环境资源来展开。在农村广袤的原野上，有清新的空气、纯净的蓝天以及生机勃勃的田野，教师和幼儿可深入乡村这个美丽的画卷中。走进田野吸收大自然赐予的阳光雨露，全身心体验自然资源的神秘，教师既可以为幼儿讲解各种与农作物、植物相关的知识等；也可以带领幼儿观察各种昆虫，因为幼儿对这些昆虫具有强烈的求知欲与新鲜感。这些自然资源可以激发幼儿探索的积极性与热情，让幼儿能沉浸在教师传授相关知识的氛围

中，增长幼儿的知识、拓宽其视野，从而对其综合素养进行优化。

人属于社会性动物，其所有活动均不能脱离社会而存在。教师在教学中可鼓励、引导幼儿简单了解周围的社会环境。为了对社会环境资源进行全面挖掘，教师可与幼儿进入公园和社区等地域，让幼儿可以在人群密集的地方认识周围的社会环境。这有利于幼儿克服与其他人交流、互动的恐惧、腼腆的心理，提升幼儿的表达能力与交流能力。同时，教师还需要对幼儿的安全意识进行有针对性的培养，与拐骗幼儿的相关事例相融合，教育幼儿应有安全防范意识，告诉幼儿自身安全的重要性。

（二）创设乡土活动环境，优化园本课程教育

幼儿因年龄较小，在学习知识时存在一定的局限。为了让幼儿及时学习、了解所学的知识，应把新知识和幼儿比较了解的生活环境相关联，让幼儿处在地域化的情境中，拉近幼儿与知识之间的距离，消除其对新知识的陌生感，快速沉浸到学习氛围中。教师应全面挖掘附近的地理环境，有效开发地域文化资源，从地域文化出发，根据幼儿的偏好与认知水平、接受能力，为其营造和谐、轻松的乡土活动环境。玩游戏是幼儿的天性，很少有幼儿不喜欢游戏。教师可以将地域文化资源纳入游戏，让幼儿可以拥有纯真无邪的笑脸、永远有天真烂漫的心。借助游戏进行教育教学工作，幼儿会积极配合教师，从而实现寓教于乐。例如，教师可将园区周围的地域文化资源作为背景，让幼儿玩趣味十足的游戏，营造浓郁、良好的乡土化游戏氛围。例如，一些园区周围有许多竹子，在教学过程中，教师就能借助这些竹子，设计丰富有趣的游戏活动，让幼儿借助游戏知晓与竹子有关的知识。教师在游戏中为幼儿讲解这种植物的作用与特征等。又如，教师既可以带领幼儿一起做竹节玩具，参与实践活动；也可以用这些玩具制作幻想中的物品，让幼儿了解相关知识的同时，放飞想象的翅膀、提升他们的创造能力，从而提升教学的质量，调动儿童学习的积极性，全面展现地域文化资源的价值。

（三）举办乡土相关活动，优化园本课程教育

为了让幼儿可以充分学习园本课程教育内容，在教学过程中教师可通过为幼儿设计与乡土化有关的活动这一层面不断优化教学方法，让幼儿应用参与活动这一模式对新知识进行了解、消化。借助该模式，幼儿的积极性会更好，会紧紧跟随教师的步伐，顺利完成学习目标。在展开乡土化实践前，教师应全面考察地域文化内容，从大量的资源中筛选与幼儿认知水平相符的课题，以此进行实践活动。教师需要全面展现主导者的作用，有效、正确引领幼儿，让他们在实践活动中聚精会神、深刻体验乡土化园本课程内容。调动幼儿的活动积极性与主动性，激发其强烈的好奇心，自觉参与活动，教师需要对和谐、轻松、有趣的乡土化活动进行设计。例如，为了让幼儿充分感知秋天、了解秋天，教师可利用周围的自然地域文化资源，与周围的农民联系、互动，筹划以"秋天"为主题的活动。当幼儿与秋天的田野有了亲密接触之后，教师可带领幼儿在田野里欢乐地活动，引导幼儿捡田野中农民伯伯掉落的稻穗，观察田野中的昆虫与植物，为幼儿切身体验秋天的田野、感受秋日的优美风光创造有利时机，以此让幼儿了解秋天、体验收获的含义。为了让幼儿了解秋天的鲜明特征，教师可引导幼儿观察农民伯伯收割庄稼的情景，趁机向幼儿讲授与粮食的来源相关的知识，教育幼儿要珍惜粮食，不能浪费农民伯伯的血汗，从而提升幼儿的素养，促进幼儿健康发展。

综上所述，教师在实施园本课程教育时，需要全面开发附近的地域文化资源，将该资源和教学有机融合，为幼儿营造轻松、自由和欢乐的教学环境，带领幼儿走进大自然，与自然环境进行亲密的接触，以此增强幼儿的感受能力，助力其优化人文感悟能力，提高幼儿的综合素养，从而提高教学成效。

二、幼儿园课程教学中地域性园本课程资源开发利用的实践

（一）室内地域游戏中的开发和利用

教师在实施幼儿教学的过程中，经常会出现这样那样的问题。而室内地域游戏作为教学活动的重要组成部分，由于环境的开放以及氛围的活跃，各种问题频发。为了保证室内地域游戏的有序进行，保障幼儿的安全健康，达到理想的活动效果，教师应该在日常活动中对幼儿的游戏习惯和行为进行充分的观察，结合职业经验，运用专业技能，对幼儿活动进行有效的指引。

地域性园本课程资源在幼儿园室内地域游戏中的应用策略如下。

1. 科学划分室内地域游戏范围

开发利用地域性园本课程资源后，室内地域游戏的类型和内容变得更加丰富多样，教师要根据幼儿的发展需求，在不同的教学阶段选择不同类型的室内地域游戏。例如，教师可以根据不同的教育功能，将室内地域游戏分为植物辨识、益智游戏、动手动脑、场景模仿等不同的区域。同时，教师还要对幼儿的能力水平有充分的了解，这样才能更好地设计和划分游戏区，促进幼儿全面发展。例如，划分以堆积木、过家家等游戏为主的动手能力培养区，来锻炼缺乏动手能力的幼儿。对游戏地域进行科学的划分有助于提高教学活动的针对性和实效性，促进幼儿各项能力平衡发展。基于此，教师要树立划分游戏地域的意识，根据幼儿的能力水平和发展规律对室内游戏地域进行调整，满足幼儿不同的学习需求。同时，为了给幼儿创造良好的游戏环境，提升游戏体验，保证幼儿在活动中的安全，教师还要合理规划和利用室内空间资源，避免出现一些不必要的问题。

2. 规范室内地域游戏开展形式

为了确保室内地域游戏发挥出其应有的价值，在开展室内地域游戏

活动时，教师要对幼儿的行为进行科学引导和约束，帮助幼儿树立规则意识、秩序意识。部分教师认为，活泼好动是幼儿的天性，应该让其自由活动，虽然这种想法有一定的道理，但是太过片面。幼儿自我保护意识差，自我约束能力差，很容易出现一些不良行为，比如，在游戏中争抢、推搡、打闹等，一来容易受伤，二来影响活动的正常进行，教师必须时刻关注并规范幼儿的游戏行为。基于此，教师应该在游戏开始之前，向幼儿讲解游戏规则。当幼儿在游戏中违反规则，妨碍了游戏的正常开展，教师就要加以引导和指正，培养幼儿的规则意识。游戏的顺利开展离不开游戏规则的设立，而游戏活动价值的发挥建立在游戏顺利开展的基础之上。由此可见，教师对幼儿的游戏行为进行约束和引导是很有必要的，教师的合理干预是游戏顺利开展的重要保障，有助于幼儿在游戏中学习各种知识，培养各种能力。

3. 鼓励幼儿用不同的方式表达自己，分享自己的成就

学习并参与区域幼儿园课程资源和活动后，教师要将幼儿的学习成果通过各种形式组织、呈现出来，包括手工制作、舞蹈歌唱、讲故事等。这不仅可以提升幼儿的自信心和成就感，还可以促进幼儿之间的交流和分享。在这一过程中，幼儿的思维能力、动手能力、语言表达能力以及社交能力都得到了锻炼。因此，与室内地域游戏不同，教师在地域性园本课程资源开发利用的过程中，尽量不要干预幼儿的思维和行为，给予他们充足的自由发挥的空间，为他们提供展示自我的舞台，激发他们参与和学习的积极性，让他们亲自动手动脑探索世界，探索自然，感受自然之美，体会自然带来的乐趣，这才是教育的初衷。作为传统教育资源，地域性园本课程资源更加贴近生活，贴近自然。教师要从生活中随处可见的自然、社会、地域文化等各种资源中探索和挖掘具有教育价值的地域性园本课程资源，对幼儿参与地域性园本课程资源的开发利用给予鼓励和支持，让他们

在探索中成长，实现地域活动的目的。

4. 开展具有地域特色的室内地域游戏活动，引导幼儿感受地域文化

幼儿的学习兴趣往往是在游戏活动的过程中形成的，通常幼儿都比较活泼好动，而游戏能够让幼儿的天性得到很好的释放，对幼儿有着天然的吸引力。因此，在设计规划地域游戏时，教师要注意地域性园本课程资源的融入和结合，让幼儿接受地域文化的熏陶，促进其对知识和技能的掌握。例如，教师可以将极具地域文化特色的儿童歌谣《蚊子叮》融入益智游戏区。在活动过程中，教师将这首歌谣循环播放几遍，然后带领幼儿边打节拍，边跟唱，熟悉之后让幼儿用本地方言演唱。这样，不仅增加了地域游戏活动的趣味性，营造了良好的游戏氛围，激发幼儿的参与热情，还让幼儿了解、学习本地域的语言文化，锻炼了语言表达能力。教师还可以将丢手绢、打沙包等传统游戏融入体育游戏区，通过生动形象的表达让幼儿了解游戏规则，在游戏中树立规则意识，锻炼身体协调性和反应速度，实现"玩中学"的教学理念。此外，教师还可以将结合了地域性园本课程资源的泥塑、编织等游戏引入手工游戏区。通过游戏，幼儿的动手能力、成就感以及自信心都得到了提高和增强，并对地域性园本课程资源有了一定的了解和认识。

5. 为幼儿提供良好的环境，提高指导的有效性

地域游戏活动虽然是在室内进行，但对环境的创设有着较高的要求，因为它直接关系着地域游戏活动的开展和实施。如果室内环境干净整洁，规划合理，就避免了很多不必要的干扰，有利于活动的顺利开展，幼儿不仅能有良好的活动体验，还能在活动中得到有效的锻炼；同时，教师的教学策略也能按计划有序进行。对于游戏地域，教师要根据游戏的主题，为幼儿准备好相应的游戏工具和材料；对于固定地域，教师也要根据主题精心布置和装扮，为幼儿营造良好的学习和活动氛围，让他们体会游戏和学习的快乐，同时帮助教师更好地实施指导策略。例如，为了激发幼儿的参与热情，营造轻松愉快的游戏氛围，教师在开展"我是小演员"的地域游戏之前，要为幼儿准备好不同角色的服装和道具，并对讲台进行布置，使其成为表演的小舞台。在这样的环境和氛围中，幼儿更愿意配合教师的游戏安排，也能更加快速地进入游戏状态。

6. 利用农村地域性园本课程资源，丰富活动内容

在室内游戏地域，幼儿不仅可以学习知识，锻炼能力，还可以展示自我，交流分享各自的经验和体会。教师在设计游戏活动时，要注意地域活动内容的丰富性和多样性，这就需要加强对地域性园本课程资源和废旧材料的利用。教师在开发自然资源时，要遵循不同年龄儿童的身心发展规律，提升地域性园本课程资源与幼儿经验的关联性，使地域活动内容与幼儿的发展需求相适应，促进其个性化发展。

一是针对某种材料开发多种游戏功能。每种材料都有着多元化的特性，教师要根据不同特性开发与之相适应的游戏内容，引导幼儿利用已经掌握的知识和经验探索新的玩法，体验不同的游戏功能。某些活动的地域和材料大同小异，教师可以通过调整与组合，开发新的游戏内容。在熟悉的地域中，利用熟悉的材料开展游戏，幼儿会更加自信大胆，也会迸发出更多奇思妙想。每种材料都有多种功能，教师在引导幼儿探索新玩法的过程中，首先自己要有创新意识和能力，同时要注意培养幼儿的创新意识和创新思维。

二是针对某种材料不断延伸其适用领域。上文提到，每种材料都有多元化的特性，教师可以在不同的游戏地域中对材料的不同特性进行应用，以丰富各个地域的游戏内容和游戏形式。例如，教师可以建立瓶瓶罐罐俱乐部，让幼儿收集不同材质、大小、颜色的瓶瓶罐罐，根据它们的特性开展手工制作游戏以及体能训练游戏。而手工制作又分不同的内容，比如，制作笔筒、灯笼、哑铃等，幼儿就要根据需求选择合适的瓶瓶罐罐。幼儿在不同内容的游戏中锻炼了动手能力，树立了环保意识，学会了节约资源，亲自见证了变废为宝的过程，自信心和成就感也会得到增强。渐渐地，幼儿就树立了自主探索、自主创新的意识，在教师的指导和帮助下，能够利用废旧物品自主设计、制作很多可爱的手工作品。

室内地域游戏活动既是幼儿教育模式的创新，也是幼儿教育改革的重要组成部分。如何有效推进室内地域游戏活动的发展，是幼儿园关注和探索的焦点。幼儿教育主体要不断优化游戏内容，丰富游戏类型，创新游戏形式，将教学工作融入地域游戏活动中，激发幼儿学习的积极性，帮助幼儿学习更多的知识和技能，提升幼儿园整体的教育教学质量，以促进幼儿的全面、持续以及个性化发展。

（二）户外游戏中的开发利用

幼儿园要根据自身实际情况，结合当地资源优势和文化特色，对地域性园本课程资源进行广泛探索和深度挖掘；通过对外在资源的内化吸收，实现教育资源自由，让幼儿可以走出课堂，走进自然；在大自然和社会中开展游戏活动，以提高游戏活动的趣味性和实效性，促进幼儿创造力的培养。

1. 审时度势，开发地域性园本课程资源

（1）了解地域性园本课程资源，收集材料。

很多教师对地域性园本课程资源的认识比较狭隘，总是局限于自然资源。但在实践中，能够体现地域特色、有助于提高教学质量、达成教学目标、促进幼儿全面发展的资源都可以作为地域性园本课程资源。由于贴近生活，带有浓重的地方特色，相较于国家统编教材，地域性园本课程资源有着独特的教育价值。人文、历史、社区、家长、自然以及民间艺术等资源都属于地域性园本课程资源。

教师要准备充足的材料，让幼儿可以更好地参与实践活动。在收集材料的过程中，教师要积极利用互联网资料库，对当地的材料进行查询和了解。除了收集一些日常生活中常见的材料，对于特色材料也可以有针对性地收集一些，比如，具有当地特色的糖纸、具有年代感的铁盒等。

（2）感受地域性园本课程资源，投放材料。

教师要根据幼儿的需求以及户外活动地域的实际情况合理投放材料。

第一，投放与活动主题相适应的材料。比如，活动地域在沙水区，教师就可以投放网兜、竹筐等材料，以满足幼儿捞鱼游戏的需求；活动地域在表演区，教师就可以投放利用地域性园本课程资源制作的沙锤、葫芦等，以满足幼儿乐器表演的需求。

第二，投放与幼儿发展层次相匹配的材料。学习知识经验只是幼儿教育的一部分，教师不能只关注知识经验的灌输，而忽略了其他能力的培养和发展，应该在游戏活动的过程中引导幼儿自主探索、自主创新。例如，在户外涂鸦创作中，教师要根据幼儿的兴趣和特长安排幼儿在活动中扮演的角色。有的擅长色彩搭配，有的喜欢设计装饰，教师要为幼儿提供施展才华的空间。

（3）充分利用文化资源，发挥优势。

作为百戏之祖昆曲的发源地——千灯古镇历史悠久，有着深厚的文化底蕴。在千灯古镇出生成长的幼儿，从小就耳濡目染，深受昆曲文化的熏陶。

《粉墨宝贝》的故事灵感就来源于昆曲的创作过程，故事的主人公是两个生动可爱的卡通形象"粉粉"和"墨墨"，它们经历了各种考验和困难最终获得了昆曲的真传。幼儿通过《粉墨宝贝》，不仅爱上了故事的主人公，还了解了我国的昆曲文化。某幼儿园曾经以该故事为活动主题，带领幼儿实地参观了千灯古镇的昆曲馆，让幼儿对昆曲文化及其独有的魅力有了更加真切的体验和感受。通过观赏演员在古戏台上极具感染力的表演，幼儿加深了对昆曲的认识。昆虫也是幼儿的兴趣点，但是昆虫的种类很多，日常生活中只能见到一小部分，于是某幼儿园积极利用线上课程资源，开展了认识昆虫的线上活动。此外，某幼儿园还不断加强与家长的交流沟通，让其为幼儿了解昆曲、认识昆虫创造更多有利条件，如陪幼儿观看昆虫纪录片等。

2. 物超所值，利用地域性园本课程资源

（1）收集改造废旧材料。

对于家长和幼儿参与资源开发利用，幼儿园和教师要给予足够的支持和鼓励，引导他们走进社区、走进大自然，将废旧物品和自然资源收集整理后制成各种创意作品。例如，教师可以组织幼儿在骑行区收集废纸箱、废报纸，然后将纸箱作为快递箱，让幼儿扮演快递员和顾客，开展送快递的小游戏。

（2）组织特色民间游戏。

在本地域众多类型的游戏中，不乏既有教育意义又适合在幼儿园开展的游戏，比如，推铁环、自制竹蜻蜓等。与此同时，笔者建议幼儿园可以根据幼儿的发展特点和兴趣在户外开展一些民间特色游戏，幼儿自主选择游戏内容，比如，舞龙舞狮、放风筝、踩高跷等。另外，还有一些极具民俗风情的小游戏，比如，斗鸡、跳房子等，这些游戏不受时间、场地、工具的限制，教师可以在日常教学中组织幼儿开展进行。

（3）家园合作，开展户外活动。

幼儿教育的主体除了幼儿园，还有家长，因此幼儿园要加强与家长的交流合作，为了幼儿的健康快乐成长共同努力。这样才能有效推进地域游戏活动的发展，促进幼儿园教育质量的提高、教学目标的实现。在双方互动合作的过程中，亲子关系也会更加和谐融洽，幼儿对地域性园本课程资源的了解也会更加深入。对于幼儿园来说，家长不仅是教育伙伴，也是教育资源，并且通过家长，教师还能收集和获取更多的自然资源以及生活资源。例如，有的幼儿家长是消防员，幼儿园就可以邀请家长为幼儿讲授消防知识，认识灭火器及其使用方法，并且帮助教师设计"我是消防员"的小游戏。

3. 基于儿童视角，探索趣味玩法

（1）引导幼儿自主探索。

为了满足幼儿的发展需求，教师应该创设更加开放的游戏环境，对传统的游戏模式进行创新和改进。在游戏中，教师可以为儿童提供基础的游戏配置以及简单的地域文化材料，引导幼儿观察和思考，根据游戏的需求寻找可以利用的材料。教师可以为幼儿准备一些生活化的材料，将其分布于活动地域的各个角落，方便幼儿根据已有的知识和经验寻找与利用这些材料。幼儿可以通过大胆想象，积极探索，挖掘材料的价值，发现新的玩法。例如，在游戏开始前，教师可以引导学生根据需求制定材料清单，为其创造开放自由的游戏环境，促进幼儿思维能力和创造力的发展，比如，有的幼儿会用树枝在沙地作画，有的幼儿会用石块拼图案，有的幼儿还会用杯子搭建城堡，等等。

（2）重视幼儿的具体需求。

幼儿的能力水平各不相同，因此教师在设计游戏活动时，要设置不同的难度等级，以满足幼儿不同的发展需求，让所有的孩子都可以参与游戏活动，并通过游戏学到知识，得到锻炼。对于一些突发情况导致游戏中断，教师要灵活变通，对游戏材料和内容进行及时有效的调整，保证游戏活动可以继续进行，实现教育目标。例如，教师可以让幼儿自主选择游戏地域，促进幼儿认识、了解自己。在扎染活动中，幼儿也可以利用自己的经验选择扎染工具。

（3）开拓新玩法和新形式。

笔者认为，每个幼儿都是独特的个体，都有自己的长处和不足。每次游戏活动结束，教师都要就活动表现与幼儿进行交流探讨，引导幼儿对自己的表现进行反思，发现自己的闪光点和不足。幼儿在探索新玩法的过程中，互相学习，取长补短，不仅感受到了游戏的快乐，还培养了团队意识、合作意识。幼儿的思维总是那么发散跳跃，经常会产生一些奇思妙想。例如，幼儿将形态各异的树叶放入沙水区，将其作为"小鱼"开始钓鱼比赛；他们将各种颜色的塑料袋收集起来，做成汉服，进行汉服表演；他们还会用闪闪亮亮的糖纸做各种饰品，与服装进行搭配。

雷州文化主题课程选编

第一节 雷州民间艺术主题课程

——东海岛人龙舞主题活动案例（大班）

一、主题说明

东海岛人龙舞起源于中国雷州半岛东部湛江市东海岛东山镇，始于明末清初，是流传300多年的民间大型广场表演艺术，其结构分为龙头、龙身和龙尾，由大人和孩童结合而成。东海岛人龙舞有起龙、龙点头、龙穿云、龙卷浪等独具特色的表演程式，表演者练就了快速托人上肩的稳健动作和步法，队形流畅多变，动作一气呵成，远望动感十足，近观粗犷雄壮，成为中华龙文化延伸与发展的重要组成部分。东海人龙舞作为一种汉族民间艺术形式，其源远流长，极具浓郁红土风情文化特色，被誉为"东方一绝"，2006年入选首批国家非物质文化遗产名录，2013年获得第十一届中国民间文艺最高奖"山花奖"。

与一般龙舞不同的是，东海岛人龙舞之所以以"人龙"称之，主要是因为"龙"的形态全部由人来完成，而非借助道具来表演。精彩的表演中充分体现了舞者不可战胜的群体力量和聪明才智以及精湛技艺。开展东海岛人龙舞主题探究活动，教师立足传承家乡优秀传统文化，陪伴幼儿一起探索东海岛人龙舞"精、气、神、韵"的文化精髓与内涵。教师在不断追随幼儿兴趣的过程中，让幼儿在欣赏独特技艺中提升艺术素养，在操作、体验中发展动作技能，感悟人龙舞团结协作、坚忍不拔、积极进取的精神，逐渐提升对家乡人龙舞文化的认同感与归属感。

二、主题目标

（1）了解东海岛人龙舞的历史文化、组成元素及其寓意。

（2）感受东海岛人龙舞的独特魅力，能用各种表征创造性地表现对人龙舞的认识。

（3）了解东海岛人龙舞的表演形式，积极与同伴合作创作人龙舞的表演。

（4）通过人龙舞与体育游戏融合，促进动作发展，锻炼体能。

（5）感悟东海岛人龙舞团结协作、坚忍不拔、积极进取的精神，激发对家乡文化的认同和热爱。

三、主题网络图

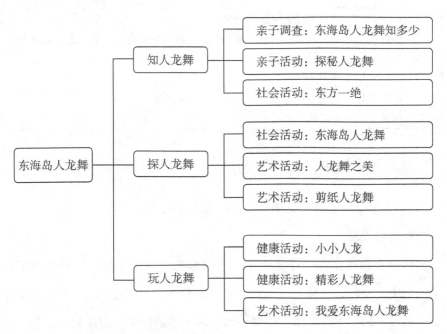

图5-1 东海岛人龙舞主题网络图

四、环境创设及资源利用

表5-1 东海岛人龙舞环境创设及资源利用

项目			内容
环境创设	主题墙		（1）知人龙舞。调查表、亲子研学照片、东海岛人龙舞的历史介绍 （2）探人龙舞。幼儿收集人龙舞的表演图片，人龙舞的荣誉，人龙舞的绘画、剪纸作品等 （3）玩人龙舞。幼儿的人龙舞表演设计图、人龙拼插作品、人龙舞宣传图
	区域	语言区	提供有关东海岛人龙舞的图片、自制故事书，引导幼儿阅读、欣赏
		表演区	投放表演材料供幼儿进行创作表演
		益智区	（1）提供各种积塑，供幼儿拼插人龙 （2）提供人龙舞卡片，供幼儿练习群数
		美工区	（1）提供各色纸、剪刀，引导幼儿制作剪贴人龙舞 （2）提供画纸、水彩笔、蜡笔，引导幼儿绘画人龙舞
资源利用	家长		（1）家长与幼儿一起完成调查表 （2）家长帮助幼儿收集东海岛人龙舞的相关资料，丰富幼儿对东海岛人龙舞的认识 （3）家长陪同幼儿参加亲子研学活动
	社区		（1）邀请非遗传人进园授课，与幼儿互动 （2）到非遗基地开展亲子研学活动

五、东海岛人龙舞主题活动

（一）活动一：亲子研学——探秘东海岛人龙舞

1. 活动意图

东海人龙舞作为一种汉族民间艺术形式，其源远流长，极具浓郁红土风情文化特色，被誉为"东方一绝"，2006年入选首批国家非物质文化遗产名录，2013年获得第十一届中国民间文艺最高奖"山花奖"。为了让幼儿近距离了解人龙舞的历史文化，感受传统技艺的风采和人龙舞团结协作、坚忍不拔、积极进取的精神，组织幼儿走进广东省非物质文化遗产传承基地，开展探秘人龙舞的亲子研学活动。

2. 活动主题

探秘东海岛人龙舞。

3. 活动目标

（1）了解东海岛人龙舞的历史文化。

（2）能积极参与互动完成调查表。

（3）激发对人龙舞的探究兴趣。

4. 活动时间

×××年××月××日。

5. 活动地点

湛江市东海岛东山镇。

6. 活动准备

（1）召集家委会成员商议活动方案。

（2）在班群发布活动方案，收集参加活动人数及名单。

（3）发放问卷调查表，组织幼儿做出行计划。

（4）教师对幼儿提出活动要求及注意事项。

7. 活动过程

（1）聆听传承人对东海岛人龙舞的介绍。

（2）参观广东省非物质文化遗产传承基地东海岛人龙舞展厅，了解人龙舞所获的荣誉。

（3）观看东海岛人龙舞表演，感知人龙舞的精彩。

（4）采访互动。幼儿自由发问，采访东海岛人龙舞表演人员，完成调查表。

（5）合影留念。

（二）活动二：东方一绝——东海岛人龙舞（社会）

1. 活动目标

（1）知道东海岛人龙舞是家乡的非物质文化遗产，了解人龙舞表演的寓意。

（2）能积极参与讨论，表达自己对东海岛人龙舞的认识和感受。

（3）激发对家乡东海岛人龙舞文化的热爱。

2. 活动准备

PPT、东海岛人龙舞视频。

3. 活动过程

（1）分享调查表，进一步了解人龙舞。

① 教师和幼儿进行谈话，调动幼儿已有经验。

师：你们见过东海岛人龙舞吗？在什么地方什么时候看见的？

② 请幼儿在小组里分享自己的调查，在交流中进一步了解人龙舞。

③ 鼓励幼儿在集体面前分享。

师：谁来给大家说说你了解的东海岛人龙舞？

（2）观看PPT，了解东海岛人龙舞的历史渊源。

① 教师结合PPT讲述东海岛人龙舞的历史故事。

师：人龙舞是一种古老的舞蹈，源自东海岛东山镇。在很久很久以前，有两队士兵打仗，一队是清军，一队是明军。当时被清军打败的明军撤退到东海岛一带，适逢中秋时节，明军将领为鼓舞军心士气编排了这个舞蹈。从此，"人龙舞"便成为东海岛人的传统表演项目，代代相传。每逢春节、元宵节、中秋节，以及当地特殊的喜庆节日，大街小巷张灯结彩，人龙舞表演队必乘兴舞"人龙"，精彩纷呈，热闹非凡。

② 通过提问帮助幼儿进一步了解东海岛人龙舞。

师：人龙舞起源于哪里？为什么有了这个表演？现在我们会在什么时

候表演人龙舞，现在的表演是为了什么？

（3）观看东海岛人龙舞视频，感受人龙舞表演的精彩。

幼儿观看人龙舞的视频，交流观看感受。

师：谁来说说你看完表演的感受？东海岛人龙舞与舞龙有什么不同？

（4）出示获奖照片，了解人龙舞所获荣誉。

师：正是东海岛人龙舞的表演与众不同、精彩绝伦，它获得了这么多的奖项。东海岛人龙舞2006年入选首批国家非物质文化遗产名录，先后获得中国民间文艺最高奖"山花奖"、广东省民间艺术表演最高奖广东省"鲁迅文学艺术奖"，成为我市国家级、省级"双料"最高奖文化品牌。东海岛人龙舞还参加了上海世博会"广东周展演"、新加坡妆艺大巡游、央视综合频道（CCTV1）强档栏目《出彩中国人》等，为我市不断赢得赞誉和殊荣。

（5）激发幼儿对家乡人龙舞的热爱。

师：你们喜欢东海岛人龙舞吗？为什么？

小结：东海岛人龙舞流传至今已有300多年，它充满了浓郁的乡土气息，独具特色，被誉为"东方一绝"，是我们家乡民间艺术的一张名片，我们要保护和传承它。

（三）活动三：东海岛人龙舞（社会）

1. 活动目标

（1）了解东海岛人龙舞的组成和表演程式。

（2）能积极交流表演活动的体验，感受传承的意义。

（3）激发对家乡东海岛人龙舞文化的热爱。

2. 活动准备

PPT、东海岛人龙舞视频。

3. 活动过程

（1）播放人龙舞表演视频，了解人龙舞的组成。

① 观看视频后讨论人龙舞的组成。

师：人龙的结构由哪三部分组成？他们分别由谁演？

② 幼儿讨论后教师梳理小结。

师：东海岛人龙舞是民间大型广场表演艺术，龙的构造分为三大部分：龙头、龙身、龙尾，由大人和孩童结合而成。龙头是龙的精髓所在，体现龙的精神，它由一个彪形大汉身负三个小孩组成，分别表示龙角、龙眼、龙舌。龙身是龙的主体部分，由人相继倒卧分节连接而成；演员经过化妆打扮，穿上黄色或青色服装，龙就变成黄龙或青龙。舞龙头者不光要求身高力大，威风凛凛，还要求基本功扎实，技巧熟练。"龙身"一般由50~60人组成，多则数百甚至上千人。"龙尾"是身体特别强壮的男子，躯体柔软有力。

（2）观看PPT，了解东海岛人龙舞的表演程式。

教师让幼儿观看PPT，介绍东海岛人龙舞的表演程式。

师：人龙舞有起龙、龙点头、龙穿云、龙卷浪等独具特色的表演程式，表演者练就了快速托人上肩的稳健动作和步法，队形流畅多变。

（3）传承人介绍演示，了解人龙舞的表演。

① 传承人介绍人龙舞表演，并进行舞龙珠演示。

传承人：人龙舞表演，由舞龙珠者与"人龙"相互配合。舞龙珠者的动作可分解为以下几个动作。其一，滚龙珠。双手持龙珠，左手虚握，右手时而向左，时而向右捻转珠棍，使其转动。其二，舞珠花。双手持龙珠左右交替做"大刀花"。其三，摇珠。双手右上左下握珠棍，高举，顺时针或逆时针方向画平圆。其四，高转珠。右手握珠棍，举于头上，左拧腕，左手顺势接棍，再向右拧腕，右手接过继续向左拧，如此反复，使珠棍在头上方水平转动。

②请幼儿体验舞龙珠。

（4）交流表演活动的体验，感受传承的意义。

①师：人龙舞表演的感觉怎样？为什么要表演人龙舞？

②小结：东海岛人龙舞将古海岛人们娱龙、敬龙、祭海、尊祖等多种风俗融入"人龙"之中，形成了自创一体、独具一格的龙舞表演形式和"人龙"精神。"人龙舞"作为中华"龙"的一种独特文化表现形式，丰富和发展了中国的"龙"文化，体现了中国优秀传统文化的丰富多样，是我们宝贵的优秀传统文化遗产。

（四）活动四：人龙舞之美（艺术）

1. 活动目标

（1）以绘画的形式表现东海岛人龙舞。

（2）能大胆构图作画，创意表现东海岛人龙舞之美。

（3）积极参与创作，体验绘画的乐趣。

2. 活动准备

东海岛人龙舞视频、画纸、水彩笔、油画棒。

3. 活动过程

（1）观看东海岛人龙舞视频。

①师：你们喜欢东海岛人龙舞吗？你最喜欢哪段表演？让我们把自己最喜欢的镜头画出来吧。

②出示各组定格镜头，引导幼儿观察队形变化及表演者的动作表情。

（2）幼儿作画。

幼儿自由创作，教师巡回指导，提醒幼儿注意画面布局。

（3）展示作品，进行交流和评价。

①请幼儿介绍自己绘画的内容和情节。

② 教师适时评价，帮助幼儿提升作画经验。

（五）活动五：剪纸人龙舞（艺术）

1. 活动目标

（1）掌握连续折剪纸的制作方法。

（2）能通过折、画、剪的方法，制作出人龙舞。

（3）培养幼儿动手操作的能力，体验剪纸活动带来的快乐。

2. 活动准备

纸盘、彩色纸、剪刀、水彩笔、胶水、铅笔、剪纸作品。

3. 活动过程

（1）激趣导入。

欣赏剪纸作品。

师：这是什么呀？这些剪纸好不好看？怎样能剪出相同的一串娃娃呢？

（2）自由探索。

① 请小朋友探索四个人龙娃娃的剪纸制作。

② 请小朋友分享自己的探索。

（3）学习连续折剪纸的制作方法。

① 教师边示范边讲解。

师：将纸向一个方向连续折叠两次后，在纸的中间画出人龙娃娃图形轮廓。注意画的时候，把要连接的部分画出来，再用剪刀按画的轮廓剪。

② 幼儿制作，教师巡回指导。

鼓励幼儿大胆创作，提醒幼儿正确使用剪刀。

③ 引导幼儿将作品贴到纸盘里，并用水彩笔进行纸盘的花纹装饰。

（4）欣赏作品。

请幼儿分享自己的作品，进行自我评价。

4. 延伸活动

将纸盘、彩色纸、剪刀、水彩笔、胶水投放到美术区，让幼儿继续练习剪纸，进行创作。

（六）活动六：小小人龙（健康）

1. 活动目标

（1）练习根据龙珠的方向变化进行走、跑活动。

（2）能与同伴合作表演，保持动作协调一致。

（3）体验家乡民间传统艺术，激发对人龙舞的热爱。

2. 活动准备

龙头道具6个、龙珠6个、人龙舞表演音频、人龙舞表演视频、长方形垫子一批。

3. 活动过程

（1）进行热身运动。

跟随教师一路纵队进入场地，在教师的引导下尝试听信号练习走、跑，随音乐进行热身运动。

（2）探索合作看信号走、跑的方法。

初步尝试四人舞龙。

①引导幼儿自由进行四人合作长龙跑。

师：我们用垫子代替龙身的人扛在肩上，大家分组练习人龙舞。请你们组成一条龙，谁来舞龙珠？谁来当龙头？谁来当龙身和龙尾？我们跑的时候要注意什么？

②请幼儿介绍合作人龙舞的方法，个别小组示范。

小结：做龙头的幼儿不能跑得太快，要随龙珠的指挥跑；后面的幼儿要紧跟龙头，龙头做什么动作，龙身、龙尾也要做什么动作。龙头做动作时要慢一点，这样后面的幼儿才能跟上。

③ 请舞龙珠的幼儿介绍自己的方法。

小结：舞龙珠是发信号的人，可以慢走、小跑，可以做将龙珠左倾、右斜等动作。

（3）观看人龙舞表演视频，学习经验。

师：表演好看吗？你最喜欢哪段？我们能学习吗？怎样能做到？

（4）播放音频，幼儿再次随音乐练习人龙舞。

① 鼓励舞龙幼儿要跟着龙珠走、跑。

② 引导领头幼儿学会看龙珠信号，后面的幼儿要跟着一起慢走、小跑、变高、变矮、左倾、右斜等，整个队伍要相互配合。

③ 讨论问题，尝试解决的方法。

师：你们在人龙舞练习中有什么问题？后来解决了吗？解决的办法是什么？

引导幼儿讨论总结如何与同伴协作人龙舞表演。

小结：龙头在舞动过程中始终要看龙珠的信号；舞龙珠的人发现龙队成员动作不协调时，动作变化可以简单些，速度应慢一点。

（5）游戏：龙潭虎穴（人龙通过障碍）。

① 师：小朋友的舞龙技能越来越娴熟了，让我们一起通过前方障碍，去小乐园为弟弟妹妹表演吧。

② 师：先观察一下，有哪些障碍？通过障碍时要注意什么？

③ 教师小结，请一组幼儿示范游戏玩法。

玩法：将幼儿分成两路纵队，小碎步蛇形走或螺旋形走，绕着雪糕筒蛇形前进。

（6）交流和放松，体验和同伴玩传统游戏的乐趣。

① 鼓励幼儿讲述自己在活动中的发现，使其感受到舞龙需要队伍里每个小朋友的配合才能成功。

② 组织幼儿做放松活动，重点放松下肢。

（七）活动七：精彩人龙舞（健康）

1. 活动目标

（1）学习多人进行人龙舞表演的方法，掌握舞龙的基本步法。

（2）通过创编各种舞龙方法，发展相互合作的能力。

（3）体验与同伴合作表演的乐趣，激发对家乡人龙舞的热爱。

2. 活动准备

障碍物若干、龙头道具、龙珠、人龙舞表演音频、长方形垫子。

3. 活动过程

（1）热身运动。

① 教师带领幼儿做简单的热身操，激发幼儿参加体育活动的兴趣。

② 谈话引出课题：上次活动小朋友已经学会四个人一起合作人龙舞，今天老师带领小朋友一起去参加"小小舞龙会"。

（2）创编舞龙套路。

① 师：要想参加舞龙会，需要排练好表演，请你们各组商议自己的表演套路。

② 幼儿分组商议表演套路，并做记录。

③ 幼儿分组按自己的编排练习。

（3）各组分享表演。

① 各组分享自己的创编设想并进行演示。

② 请幼儿谈谈观看感想，学习其他小组的优点。

（4）多人表演人龙舞。

① 将小组合并成两条长长的人龙进行练习。

师：我们能不能合并成两条长人龙表演？这么多人合作要注意什么？

② 两组选出自己喜欢的套路图进行合作练习。

（5）"小小舞龙会"，邀请嘉宾观看。

① 邀请小班幼儿观看各组表演，并邀请小班幼儿一起体验。

② 请各组人龙在龙珠指挥下到各个班级巡游、表演。

（八）活动八：我爱东海岛人龙舞（艺术）

1. 活动目标

（1）进一步了解东海岛人龙舞文化，培养小主人意识。

（2）能利用绘画、剪纸、粘贴等制作宣传旗。

（3）激发幼儿对东海岛人龙舞的认同和热爱。

2. 活动准备

各色卡纸、剪刀、水彩笔、画笔、胶水、双面胶。

3. 活动过程

（1）参观湛江市博物馆东海岛人龙舞展厅。

① 幼儿跟随讲解员聆听东海岛人龙舞介绍。

② 幼儿在展厅自由参观拍照。

（2）分享交流参观感受。

师：你们听到了什么？看到了什么？谁来和大家分享一下？谁来说说你今天参观的感受？

（3）做宣传旗"我爱东海岛人龙舞"。

① 激发情感，提出任务。

师：东海岛人龙舞流传至今已有300多年，它独具特色，被誉为"东方一绝"，是我们家乡民间艺术的一张名片，我们作为家乡的小主人应该怎样做？让我们一起宣传东海岛人龙舞吧！

② 幼儿自由创作宣传旗。

请幼儿自由选择材料，通过绘画、张贴、剪纸等制作宣传旗，教师巡回指导。

（4）我是小小宣传员。

① 请幼儿在小组里分享自己的创作内容。

② 组织幼儿把宣传旗赠送给博物馆里参观的游客。

（九）主题活动反思

在人龙舞主题探究活动中，教师以观察者、支持者、引导者的角色相伴，观察和倾听幼儿，追随幼儿的问题和兴趣，伴随他们思考的脚步，引导幼儿在与"人龙舞"的相识、"寻找""记录""展现"等一系列活动中感受家乡优秀传统文化的魅力，让幼儿在已有经验和兴趣的碰撞中，自主发现问题、积极探究、解决问题。幼儿通过与同伴的互动、与材料的互动、与教师及家长的互动，在一次次的探索中，在一系列、多领域的活动中获得有效的经验。

整个活动得以成功开展，离不开社区、幼儿园以及家长的支持。教师在活动过程中也和幼儿一起得到了成长：一起了解了人龙舞文化；过程中给予幼儿支持，为幼儿提供平台，助幼儿探索研究，使幼儿得到发展。本次的主题课程开展，既让幼儿体验到家乡传统艺术人龙舞的乐趣，增强幼儿之间的团结协作意识；又让幼儿在多次民俗体验中感受到了雷州人民团结合作、不怕苦、不怕累的精神，对于雷州本土文化有了新的了解，在艺术领域中的创造性有了再一次的升华。

第二节 雷州民间美食主题课程

——叶搭饼主题活动案例（大班）

一、主题说明

叶搭饼在雷州特产中是最受欢迎的美食之一，其历史悠久，是民间过年时制作的一种食品。叶搭饼味道香甜，口感因糯米顺滑爽口，馅料的不同更给其带来各种各样的风味。叶搭饼也称"树叶搭"，选用黏糯米粉做皮，花生米、椰子丝、芝麻、冬瓜糖等做馅，用菠萝树叶包裹，蒸熟后香味四溢。此饼因用树叶包裹，故称"叶搭饼"。叶搭饼不仅味道鲜美，更是一种吉利的象征，是家家户户过年必备的糕饼之一。在婚嫁、进宅等喜庆日子里，叶搭饼也是当地人赠送亲友的独特礼品。

"让幼儿具有初步的归属感"是指南中社会领域的目标之一。而"家乡"就是我们的归属之地。不论身处何地，我们总会回忆起小时候生活过的地方、品尝过的美食，将家乡的味道牢记在心。每一种美食的由来都有着美妙的传说，都有着历史文化的缩影，丰富多样的家乡美食是幼儿了解家乡的一把金钥匙。让幼儿走进家乡美食叶搭饼，在探索、发现、品尝中了解家乡美食，感受到生活在家乡的幸福感；让幼儿了解家乡美食，热爱家乡，以家乡为傲。

二、主题目标

（1）认识叶搭饼，知道叶搭饼是吉利象征的家乡特产美食。

（2）了解叶搭饼的制作材料和制作方法，尝试按步骤制作叶搭饼。

（3）能运用多种材料表现对叶搭饼的认识。

（4）萌发对叶搭饼的喜爱，激发对家乡美食的热爱。

三、主题网络图

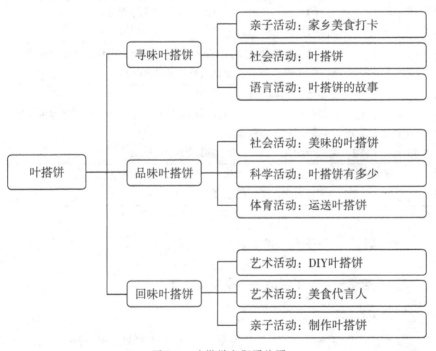

图5-2　叶搭饼主题网络图

四、主题环境创设与资源利用

表5-2　叶搭饼主题环境创设与资源利用

项目		内容
环境创设	主题墙	（1）寻味叶搭饼。调查表、家乡美食打卡照片、叶搭饼的历史介绍、叶搭饼的故事 （2）品味叶搭饼。叶搭饼的材料图、叶搭饼制作流程图 （3）回味叶搭饼。叶搭饼超轻泥作品展、叶搭饼的画展、家乡美食明信片
环境创设	区域	语言区　提供有关叶搭饼的图片、儿歌、图书，引导幼儿阅读、欣赏
		角色区　投放材料和超轻泥叶搭饼到店铺，供幼儿进行角色游戏
		益智区　（1）提供各种叶搭饼图片，供幼儿操作分类 （2）提供叶搭饼卡片，供幼儿练习群数
		美工区　（1）提供各色超轻泥和橡皮泥、剪刀，引导幼儿制作叶搭饼 （2）提供各种卡纸，引导幼儿绘画叶搭饼
资源利用	家长	（1）家长与幼儿一起完成调查表 （2）家长帮助幼儿收集叶搭饼的相关资料，丰富幼儿对叶搭饼的认识 （3）家长陪同幼儿参加亲子美食打卡活动 （4）家长与幼儿一起参与叶搭饼亲子制作活动
	社区	（1）邀请非物质文化遗产传人进园教授叶搭饼制作，与幼儿互动 （2）到非物质文化遗产店铺开展亲子研学活动

五、叶搭饼主题活动

（一）活动一：亲子活动——家乡美食打卡

1. 活动意图

湛江是美食之城，丰富多样的家乡美食是丰富幼儿中国传统饮食文化的抓手，是幼儿了解家乡的载体。通过开展亲子家乡美食打卡之旅，从美食入手，追忆家乡美食，幼儿在寻找、了解、品尝家乡美食的过程中，进一步感受到了家乡的饮食文化，感受家乡美食的独特魅力。让家乡美食文化在幼儿心中生根发芽，激发幼儿心底浓浓的家乡情。

2. 活动主题

寻家乡美食，品家乡味道。

3. 活动目标

（1）了解家乡美食，感受家乡美食文化。

（2）通过调查、品尝、体验完成调查表。

（3）积极参与家乡美食打卡活动，萌发对家乡美食的喜爱之情。

3. 活动准备

（1）在班级群里发布活动方案，呼吁家长积极配合活动开展。

（2）发放"家乡美食知多少"问卷调查表。

（3）教师对幼儿提出活动要求及注意事项。

4. 活动内容

利用周末时间，幼儿和家长一起寻找湛江具有特色的美食打卡，通过探访、品尝完成问卷调查表，并拍照片留证。回园与教师和其他幼儿一起分享品尝美食带来的喜悦感受和美好的周末亲子时光。

（二）活动二：社会活动——叶搭饼

1. 活动目标

（1）认识叶搭饼，知道叶搭饼是象征吉利的家乡特产美食。

（2）能积极、大胆分享对叶搭饼的认识。

（3）激发对家乡美食叶搭饼的热爱。

2. 活动准备

"叶搭饼知多少"调查表、纸和画笔、视频。

3. 活动过程

（1）叶搭饼知多少。

①请幼儿说说自己对叶搭饼的了解，鼓励幼儿大胆分享自己的调查。

师：周末让小朋友做了"叶搭饼知多少"的调查，谁愿意和大家分享一下？

② 教师根据幼儿的分享用思维导图帮助梳理记录。

③ 分小组分享，让每位幼儿都有分享自己发现的机会。

（2）吉祥的叶搭饼。

① 师：你们吃过叶搭饼吗？在什么时候吃的？人们会在什么时候做叶搭饼？为什么？

② 观看过年过节人们做叶搭饼的视频，感受过节分享美食的喜悦。

小结：叶搭饼不仅味道鲜美，更是一种吉利的象征，因为菠萝树在当地被人们普遍认为是长寿之树，所以叶搭饼是家家户户过年必备的糕饼之一。逢年过节的时候，或在婚嫁、进宅等喜庆日子里，叶搭饼也是当地人赠送亲友的独特礼品，代表着美好的祝福。

（三）活动三：语言活动——叶搭饼的故事

1. 活动目标

（1）理解故事内容，知道叶搭饼的来历。

（2）能认真观察图片，比较完整地说出自己对图片内容的理解。

（3）体验与人分享和创造的快乐。

2. 活动准备

叶搭饼的故事PPT、画纸、水彩笔、油画棒。

3. 活动过程

（1）猜谜导入，激发学习兴趣。

师：两片小叶子，裹着圆团子，一口咬下去，香味可口甜。请猜猜这是什么呢？

（2）观看PPT，师生一起讲故事。

师：这美味的叶搭饼最早是谁做出来的呢？让我们一起来听听这个故事吧。

① 观看图一。

师：这是谁？他在干什么？

② 观看图二。

师：发生了什么事情？

③ 观看图三。

师：韩达想到什么办法解决皮会黏在一起的问题？

（3）教师完整地讲述故事。

师：是谁发明了叶搭饼？他用什么做出来的？你们喜欢韩达吗？为什么？

小结：每个人都是创造者。只要我们乐于思考，敢想敢做，我们都可能成为创造者。

（4）美食创想。

师：请小朋友也来做个美食创造者。想一想，如果让你来做一款你喜欢的美食，你会做什么？请把你的想法画下来和大家分享。比一比谁想的食物更有创意。

附故事

叶搭饼的故事

在唐朝时期，有个军师叫韩达，他从小就非常聪明。只是造化弄人，他十六岁中了秀才，十九岁到四十岁考举人，一直没能上榜。韩达考不上举人，可是还要养家糊口，骄傲的他又不想给别人写信代笔，于是他思考其他的谋生之路。韩达不喜欢吃传统的菜，喜欢随便搭配食材。有一天，他用家里剩下的花生、芝麻和米饭搭配，有了惊为天人的发现，做出来的食物居然特别好吃。这和他的谋生之路恰好相符合，于是他用家里的米作为皮，把芝麻花生馅心包起来，让他的妻子拿去卖。可是，做一个两个自己吃没有问题，做多了会黏在一起。就在他思考用什么材料来包裹这个饼的时候，房子边的菠萝树上飘下来一片叶子，刚好掉在他头上，触动了他的

157

灵感，于是他用菠萝树叶将饼包起来。从此，也就有了叶搭饼，流传至今。

（四）活动四：社会活动——美味的叶搭饼

1. 活动目标

（1）初步了解叶搭饼的基本制作过程。

（2）通过观察、品尝了解叶搭饼的外形特征和味道。

（3）喜欢了解家乡文化，乐意品尝叶搭饼。

2. 活动准备

叶搭饼每人一个，PPT。

3. 活动过程

（1）出示叶搭饼，激发幼儿兴趣。

师：你们知道这是什么吗？你们尝过吗？

（2）观察叶搭饼。

① 幼儿分组观察叶搭饼。

师：请小朋友们仔细瞧瞧叶搭饼是什么样子的？它由什么组成？请你们看一看、摸一摸、闻一闻。

② 小结：叶搭饼是圆形的，由菠萝树叶和饼组成。它们的皮有白色的，也有咖啡色的。叶搭饼摸上去软软的，闻起来香香的。

（3）品尝叶搭饼。

① 请幼儿在品尝前进行猜测。

师：猜猜不同颜色的叶搭饼分别是什么味道？

② 请幼儿品尝叶搭饼，并完成记录表。

③ 各组请幼儿代表分享记录。

师：白色皮和咖啡色皮的叶搭饼味道有什么不同？它们的馅分别是什么？

④ 教师利用PPT帮助幼儿梳理小结。

师：叶搭饼有甜馅和咸馅，都是用黏糯米粉做皮，花生米、椰子丝、芝麻、冬瓜糖等做馅，加糖则为甜，不加糖即为咸，爽脆可口。垫摆叶搭饼的叶子用菠萝树的叶子，是因为菠萝树叶在蒸的过程中散发出绿叶清新的气息，使其香气更加宜人。

（4）了解叶搭饼制作过程。

①幼儿观看视频，了解叶搭饼制作过程。

师：这么好吃的叶搭饼是怎么做的呢？

②游戏：看谁摆得快？

请两个幼儿分别将叶搭饼制作过程图按顺序摆好，比比谁摆得又快又对。

③利用PPT回忆叶搭饼制作流程。

叶搭饼工艺流程简单分为五个步骤：

第一步，挑选大小适宜的菠萝树叶，清洗干净；

第二步，将选择好的糯米粉，加少许糖水，边倒开水边搅拌，成团状即可搅打面团；

第三步，分别处理好各种馅料后再进行拌制；

第四步，将已经打好的面取一团捏成不厚不薄的面皮，加入馅心，用虎口收紧，再挑两片大小差不多的叶子，上下各一片，把饼子夹在中间，"叶搭饼"就包好了；

第五步，大火烧开水，将叶搭饼放入蒸笼蒸一个小时即可。

师：这五个步骤，每个环节都会影响叶搭饼的口感味道，所以要把握好每个细节，这样才能制作出美味的叶搭饼。

（5）珍惜食物。

①引导幼儿讨论发言，表达自己的想法。

师：你们觉得做叶搭饼容易吗？我们要怎样对待美食？

②师幼小结。

师：要经过烦琐的工序才能做出每一道美食，每一道美食里都包含劳动人民的汗水和智慧。我们要珍惜食物，好好享受来之不易的美食。

（五）活动五：科学活动——叶搭饼有多少

1. 活动目标

（1）尝试用2个2个地数的方法进行30以内的计数，并确定总数。

（2）能自主探究，并按群方式清楚地交流。

（3）体验按群计数是一种快速数数的方法。

2. 活动准备

白色叶搭饼图片卡若干，咖啡色叶搭饼图片卡若干，数量在20～30张，小托盘每人一个。

3. 活动过程

（1）设置情境，激发学习兴趣。

师：奶奶开了一家卖叶搭饼的店。今天店里要清点货物，奶奶年纪大了，想请小朋友们帮帮忙，你们愿意吗？

（2）交流分享多种数数方法。

① 出示PPT，请个别幼儿示范点数。

师：谁知道这里面我们有多少个白色叶搭饼，多少个咖啡色叶搭饼？

② 鼓励幼儿迁移经验进行介绍，引出2个2个地数的方法。

③ 师：他是怎么数的？除了1个1个地点数，你还知道什么样的数数方法？有什么办法可以数得更快一些？

④ 引导幼儿进一步讨论如何进行2个2个地数。

（3）幼儿自主练习按群计数。

① 每个幼儿一个托盘和一份叶搭饼图片卡，选择一种计数方法，自主探究和练习。

② 教师巡回指导，鼓励幼儿找同伴交换叶搭饼图片卡后再次数数，相互检查，鼓励他们在一种方法熟练后换另一种方法数数。

③ 幼儿分享探究的过程以及自己遇到的困难和解决困难的方法。

（4）游戏：比比谁数得快。

① 教师交代游戏玩法和规则。

每次每组派一名幼儿参加比赛，最快数完且正确的小组获得一面小红旗，比赛最后获得小红旗最多的小组获胜。比赛选手听到哨声才能开始动手数数，数完立马举手报数。

② 鼓励幼儿交流分享，激发幼儿不断练习的兴趣。

师：今天你用了哪些数数的方法？你有什么感受？

4. 活动延伸

将叶搭饼图片卡投放在数学区，鼓励幼儿继续练习按群计数。

（六）活动六：健康活动运送叶搭饼

1. 活动目标

（1）探索跨栏的方法，锻炼腿部力量和协调能力。

（2）能通过助跑跨跳有高度的障碍物。

（3）勇于挑战自我，体验游戏的快乐。

2. 活动准备

25厘米、30厘米高的栏，场地上画好起跑线，叶搭饼玩具、热身操音乐、游戏背景音乐。

3. 活动过程

（1）热身运动。

① 幼儿排成一路纵队入场，在教师的带领下做走跑交替动作绕场一周。

② 听音乐，做热身操，重点进行下肢运动。

（2）学习跨跳本领。

① 出示25厘米高的栏，鼓励幼儿自主探索。

师：我们来学习一个新本领——跨栏，请你们先试一试。

② 请幼儿分成4组站在起跑线上，自由探索跨栏。

③ 邀请个别幼儿进行示范，提炼动作要点。

师：他刚才是怎么跨过栏的？脚的动作是怎样的？

④ 幼儿原地练习跨栏动作。

⑤ 请幼儿分组再次进行跨栏练习。

⑥ 摆放30厘米高的栏，鼓励幼儿挑战，探索如何能跨过更高的栏。

师：老师增加了难度，把栏调高，请你们再来试一试。

⑦ 和幼儿一起总结经验。

师：跨栏的好办法是助跑要快，脚要抬高。要坚持练习，就会成功了。

（3）游戏：运送叶搭饼。

① 教师介绍游戏规则。

师：我们一起运送叶搭饼。请小朋友分组跨过障碍到达终点，取到叶搭饼后跑步返回，与队友击掌，第二个小朋友继续任务。比一比哪组最先完成任务。

② 游戏开始，鼓励幼儿参与游戏。

请幼儿选择要挑战的栏，排队依次挑战。

（4）放松运动。

听音乐做放松动作，指导幼儿整理器械离场。

（七）活动七：艺术活动——DIY叶搭饼

1. 活动目标

（1）尝试用超轻泥自主探索叶搭饼的制作方法。

（2）能运用"揉、团、压"的方法制作叶搭饼。

（3）体验手工制作的快乐。

2. 活动准备

PPT、超轻泥、泥工工具、盘子。

3. 活动过程

（1）情境导入，激发幼儿的兴趣。

师：过节了，奶奶要带上叶搭饼去走亲戚，请小朋友们帮忙做叶搭饼。

（2）探究制作叶搭饼的方法，体验手工制作的乐趣。

①播放课件，观察叶搭饼的形状和样式。

师：叶搭饼是什么样的？由几部分组成？

②教师边讲解边示范用揉、团、压的方法制作超轻泥叶搭饼。

（3）幼儿自主尝试用超轻泥制作叶搭饼。

教师巡回指导能力弱的幼儿。

（4）分享作品。

4. 活动延伸

把幼儿制作的超轻泥叶搭饼投放角色区游戏，在美工区投放材料让幼儿继续练习制作叶搭饼。

（八）活动八：艺术活动——美食代言人

1. 活动目标

（1）大胆想象，积极参与创作家乡美食明信片。

（2）能运用绘画、粘贴创作家乡美食明信片。

（3）体验手工创作的乐趣。

2. 活动准备

家乡美食宣传视频、水彩笔、油画棒、各色卡纸剪好卡片、各种花边和干花、双面胶、粘笔。

3. 活动过程

（1）播放家乡美食宣传视频。

师：我们家乡的美食都有什么？你喜欢吃什么？我们怎么能让大家知道我们家乡的美食？

师：请身为小主人的你为家乡美食代言吧。

（2）创作家乡美食明信片。

① 欣赏明信片，了解明信片。

② 幼儿创作家乡美食明信片。

鼓励幼儿选择自己喜欢的一样家乡美食绘画到卡片上，再利用各种材料装饰卡片。

（3）欣赏作品。

① 请幼儿交流、分享自己的家乡美食明信片，介绍自己的创作。

② 布置家乡美食明信片展区，让幼儿相互欣赏。

（九）活动九：亲子活动——一起做叶搭饼

1. 活动目标

（1）学习制作叶搭饼。

（2）锻炼幼儿生活能力和动手能力，培养幼儿爱劳动的好习惯。

（3）通过亲子活动体验劳动的快乐，增进亲子间的感情。

2. 活动准备

邀请非物质文化遗产传人、揉好的糯米、配好味的馅心（花生米、椰子丝、芝麻仁、冬瓜糖）、洗干净的菠萝树叶、蒸笼。

3. 活动过程

（1）亲子律动导入。

家长、幼儿跟随音乐《一起来做饼》做律动，活跃气氛。

（2）认识做叶搭饼需要的材料。

① 师：我们做叶搭饼需要什么材料呢？谁还记得，来说说。

② 师：请小朋友看看我们桌子上都有什么？

（3）示范制作流程。

① 介绍非物质文化遗产传人。

②非物质文化遗产传人讲解示范叶搭饼制作。

（4）分组分任务开始制作。

分成揉面、做饼、包叶三组，请家长、幼儿按意愿到各组开始制作叶搭饼。制作一段时间后，幼儿可以和其他组同伴交换位置继续制作，体验不一样的工作。

（5）分享美食。

①让家长、幼儿说说今天活动的感受和收获。

②幼儿和家长一起分享自己制作的叶搭饼。

③让幼儿给幼儿园各个岗位的工作人员赠送叶搭饼，分享美食。

（十）主题活动反思

这是一场关于家乡的美食之旅，我们基于幼儿的生活、兴趣、需要、能力，开展了关于美食的活动。幼儿通过寻找叶搭饼、制作叶搭饼、品尝叶搭饼等多元的体验活动，对湛江美食文化有了进一步的了解。回望这段探究学习的过程，幼儿采用调查、走访、参观、体验、品尝等形式，在动手操作和实践中深入了解了叶搭饼的传统美食文化。在活动中，幼儿在课程中感受美食与传统习俗的交融、美食与生活的联系等，从而萌发热爱美食、热爱生活、热爱家乡的美好情感。

在活动中，幼儿、教师、家长都积极参与、各有所获、彼此成长。家乡的一食一味，不仅在于其美味，也在于家乡的味道，更是萦绕在幼儿身边的美好记忆。在未来，我们还将探究更多的方式，不断以独特的视角促进幼儿情绪情感、学习品质提升，让幼儿在有效的引导下，获得更全面的发展。

第三节　雷州民间游戏主题课程

——趣味"跳房子"主题活动案例（中班）

一、主题说明

"跳房子"是民间喜闻乐见的体育游戏，集趣味性、娱乐性、健身性于一体，流传广泛，形式活泼轻松，非常符合幼儿阶段的游戏需求。《指南》在健康领域中指出，儿童需要"具有一定的平衡能力、动作协调和灵敏""利用多种活动发展身体活动和协调能力"，"跳房子"游戏正好符合了这一运动特点。且在"跳房子"游戏中融入数字，可以让幼儿感受数序；幼儿可以借助材料拼搭出不同的"房子"，学会相互商量与合作；可以大胆展示"跳房子"的玩法，甚至可以跟着节奏"跳房子"等。旧玩法中融入新元素，更能让幼儿感受到民间游戏的魅力。幼儿通过一系列自主的探索、交流活动，尝试迁移、运用各种经验对游戏的玩法大胆进行再创造，使该民间游戏的玩法得以有意义的拓展，赋予民间游戏更丰富的教育内涵。

二、主题目标

（1）认识"跳房子"游戏的基本元素，能用多种方法"跳房子"。

（2）学习用图画、符号等方法记录发现、表达想法。

（3）大胆设计不同类型的"房子"，尝试运用器械探索新玩法，提高身体的协调能力、平衡能力。

（4）喜欢民间游戏，感受和同伴合作玩"跳房子"游戏的快乐。

三、主题网络图

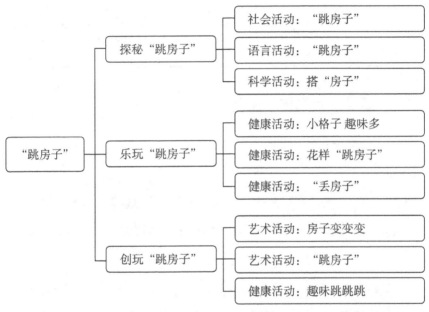

图5-3 "跳房子"主题网络图

四、主题环境创设与资源利用

表5-3 "跳房子"主题环境创设与资源利用

项目		内容
环境创设	主题墙	"跳房子"调查表，幼儿设计的各种房子造型，幼儿探究过程图文展示
环境创设	区域 语言区	提供有关"跳房子"的图片、儿歌、图书，引导幼儿阅读、欣赏
	益智区	提供剪好的写有数字的格子，让幼儿尝试拼一拼
	美工区	提供充足的白纸、彩色笔，让幼儿自主设计"房子"造型

项目		内容
资源利用	家长	（1）家长与幼儿一起完成调查表 （2）家长帮助幼儿收集"跳房子"的相关资料，丰富幼儿对跳房子的认识 （3）家长陪同孩子参加亲子活动
	社区	（1）邀请非物质文化遗产传人进园表演，与幼儿互动 （2）到博物馆开展亲子研学

五、趣味"跳房子"主题活动

（一）活动一：社会活动——"跳房子"

1. 活动目标

（1）了解"跳房子"的来历，知道游戏传承的意义。

（2）通过谈话、游戏等，了解"跳房子"游戏的基本元素。

（3）能大胆地分享，感受"跳房子"的乐趣。

2. 活动准备

民间游戏视频、民间游戏PPT、"跳房子"游戏图。

3. 活动过程

（1）激发幼儿学习兴趣。

播放民间游戏小视频，激发幼儿的学习兴趣。

师：你们看到什么？请谈谈你们的感受。

（2）幼儿分享收集的"跳房子"游戏。

请幼儿分享自己收集的民间"跳房子"游戏，鼓励幼儿大胆讲述自己的发现和想法。

（3）理解民间游戏的含义，知道游戏传承的意义。

①邀请家长助教介绍民间游戏，讲述"跳房子"的来历。

② 幼儿向家长助教提问，感受游戏传承的意义。

③ 家长助教邀请幼儿一起玩"跳房子"。

（4）交流游戏玩法。

引导幼儿梳理游戏的基本元素。

（5）分组尝试"跳房子"游戏，感受"跳房子"的基本元素。

（6）记一记"我的尝试"，评一评"我的表现"。

（二）活动二：语言活动——《跳房子》

1. 活动目标

（1）能够念唱童谣《跳房子》，感知童谣中的节奏。

（2）在熟悉节奏的基础上，能够边念童谣边"跳房子"。

（3）感受结合童谣玩"跳房子"游戏的乐趣。

2. 活动准备

"跳房子"视频、"跳房子"童谣PPT。

3. 活动过程

（1）教师出示边念童谣边"跳房子"的视频，激发幼儿兴趣。

（2）教师打节奏用方言念童谣，幼儿初步感知童谣中×××的节奏。

（3）结合PPT理解、熟悉童谣内容，分句学习童谣。

（4）幼儿用手拍节奏念童谣，教师合着节拍示范"跳房子"。

（5）幼儿分组练习边念童谣边"跳房子"。

（6）幼儿展示，相互交流经验，再次自主练习。

（7）请幼儿回顾之前学过的童谣，说说还有哪些童谣适合"跳房子"时念唱。

（8）师幼小结："跳房子"时要有节奏感，这样才会跳得稳。边念童谣边有节奏地"跳房子"，让游戏更有趣和挑战性。

（三）活动三：科学活动——一起搭"房子"

1. 活动目标

（1）能按1～6、6～1的数序排列，并利用数字拼搭不同类型的"房子"。

（2）发现生活中的数字，知道数字无处不在。

（3）激发对数字的兴趣，从中体验进行数字游戏活动的乐趣。

2. 活动准备

1～6数字卡、1～6数字垫子、笔和白纸、PPT。

3. 活动过程

（1）猜想数字，激发兴趣。

① 出示空表格，让幼儿数数有几个格子。

师：小朋友喜欢捉迷藏吗？请你们找出躲在格子里的数字宝宝。

② 教师引导幼儿逐一寻找出藏着的数字。

（2）用多种方法给数字排队。

① 让小朋友找出最大和最小的数字。

师：小朋友这6个数字中谁最大，谁最小？

② 给数字从小到大排序。

师：小朋友，我们来给数字排排队，从小排到大，谁来试一试？

③ 给数字从大到小排序。

师：刚才小朋友真能干，把数字从小到大排队，谁能倒过来把数字从大到小排队？

④ 还有什么不同的排法？

师：小朋友，你们还想到什么排法吗？

（3）我们来搭"房子"。

① 将幼儿分成四组，用地垫搭"房子"。

② 幼儿自由组队，自主创作，并合作把创作画出来。

③ 幼儿展示小组搭建的"房子",介绍玩法。

（4）了解有规则排序、无规则排序在生活中的运用。

① 师：小朋友们，刚才我们做的这些排序都是有规则的排列，生活中还有哪些地方用到的是无规则的排列？

② 利用课件，展示部分生活中有数字的图片，引导幼儿进一步感知数字在生活中的运用，体验数字的重要。

（四）活动四：健康活动——小格子趣味多

1. 活动目标

（1）感知游戏规则，能够按照规则"跳房子"，锻炼腿部力量。

（2）能根据小组讨论，尝试用简单易懂的方式记录玩法和规则。

（3）喜欢参与体育活动，体验与同伴合作跳格子房子的乐趣。

2. 活动准备

画有四种不同形状格子房子的场地一块、音乐、红旗。

3. 活动过程

（1）热身运动。

幼儿随音乐练习各种走、跳的动作。

（2）合作探索，尝试练习。

① 请幼儿分组玩"跳房子"。

师：小朋友，请你们分组玩格子房。请小朋友想一想，怎样玩这些不同形状的格子房子？

② 各组进行分享：你们是怎么跳的？

③ 请幼儿说说游戏中应注意的事项。

不要互相碰撞，要商量合作，规则是不踩到格子房子的边缘线。

④ 组合创意跳。

请各组小朋友将各种跳组合玩，一起商量"跳房子"线路及玩法，并用图文并茂的形式记录。

⑤ 分享创意玩法。

请各组幼儿代表分享创意玩法。鼓励幼儿大胆地将自己组设计的线路和创意玩法进行分享、交流。

（3）集体练习组合跳。

① 教师为幼儿示范连续弹跳的技巧，然后组织幼儿集中练习1~2次。

讲解连续跳的方法、技巧、规则和安全事项：从第一个房子起点开始，逐格单脚跳跃到终点；走到第二个房子起点，逐格双脚跳跃到终点；走到第三个房子起点，逐格跨跳到终点；走到第四个房子起点，逐格单双脚交替跳。跳跃时，要求跳到格子中间，不能踩到边缘线。

② 幼儿玩"跳格子"游戏，教师重点指导幼儿在连续跳的过程中不踩边缘线。

（4）游戏："争夺红旗"。

① 教师介绍游戏玩法。幼儿分成人数相等的四组"跳房子"，完成四种方法，在同一时间内速度最快的一组夺得红旗获胜。"跳房子"的时候不能踩边缘线，踩到线的幼儿须退回到起点重跳。

② 幼儿开始比赛。

③ 教师小结比赛情况。

（5）放松运动。

随音乐做放松运动。

（五）活动五：健康活动——花样"跳房子"

1. 活动目标

（1）玩"跳房子"游戏，挑战不同难度的脚与脚印重合跳。

（2）通过单双脚交替练习"跳房子"，锻炼腿部力量和身体的协调能力。

（3）培养合作学习，共同分享，体验挑战的乐趣。

2. 活动准备

四组九个格子的房子，大小脚印若干。

3. 活动过程

（1）激发兴趣，活动身体。

教师带领幼儿做热身活动，重点活动幼儿下肢关节。

（2）练习各种跳步。

教师操作卡通脚印图片，让幼儿跟着脚印方位的变化学练习各种跳步：并腿跳、分腿跳、单脚跳、双脚跳等。

（3）引导探索，开展游戏。

① 教师出示幼儿搭建的"房子"，并请幼儿用自己的方式玩"跳房子"游戏。

② 挑战脚与脚印重合"跳房子"，幼儿练习单双脚"跳房子"。

第一，教师给每组幼儿分发单双脚印贴纸，幼儿可自由组合粘贴。

第二，幼儿进行分组练习跳，尝试脚与脚印重合跳。小组也可交换跳。

第三，引导幼儿自由摆放脚印的方向，提高难度，激发幼儿挑战的愿望，并尝试。

第四，幼儿分组展示本组的跳法，每组跳2次。

（4）集体评价。

请幼儿说说自己最喜欢的小组跳法，并说明理由。

（5）放松运动。

用吹泡泡的游戏引导幼儿做吐气、伸展等放松动作，然后围坐成圆，做脚尖点头、脚尖碰碰等动作放松脚部。

（六）活动六：健康活动——"丢房子"

1. 活动目标

（1）学习投掷沙包玩"跳房子"游戏。

（2）发展单双脚交替跳的能力与投掷能力。

（3）培养参与意识、规则意识，激发幼儿对民间游戏的兴趣。

2. 活动准备

沙包、彩色粉笔若干、房子图。

3. 活动过程

（1）放松运动。

幼儿随音乐跟教师做热身运动。

（2）造房子。

幼儿5人一组画房子并填写数字，教师巡回指导。

（3）跳房子。

幼儿分组练习单脚跳、双脚跳、单双脚交替跳。

（4）丢房子。

① 交代游戏方法。幼儿站在房子底线上，将沙包向前投掷，然后单双脚交替跳到沙包所在层前一格，用手拎起沙包并跳出房子。

② 游戏规则。沙包投出房子外或投到线上则停一次；"跳房子"时每层只能跳一次，出错则停一次游戏。幼儿自由组合，每5人一组，依次轮流投，丢得层数最高、出错次数最少的幼儿获胜。

③幼儿分组进行游戏。

④组织幼儿分享游戏经验。

（5）放松运动。

教师带领幼儿进行放松活动。

（七）活动七：艺术活动——"跳房子"

1. 活动目标

（1）学唱歌曲《跳房子》，熟悉歌曲的旋律及歌词内容。

（2）能根据歌曲单跳双落协调地进行跳。

（3）在"跳房子"的游戏中体验音乐游戏的快乐。

2. 活动准备

音乐伴奏、画好的格子房。

3. 活动过程

（1）音阶游戏。

① 教师引导幼儿观察地面上有什么？

师：这幢房子可有趣了，你每跳一层，它就会发出一个好听的声音。不信，你们来试试吧！

② 音阶游戏。

请个别幼儿尝试，鼓励他们用不同的跳跃方式，教师根据幼儿跳的情况弹奏出相应的音并引导其他幼儿把音阶唱出来。

（2）学唱歌曲《跳房子》。

① 欣赏歌曲。

师：小朋友都喜欢玩"跳房子"的游戏，今天我带来一首"跳房子"的歌。

教师演唱歌曲。

师：你听到了什么？他们是怎么跳的？

教师把幼儿的回答用歌声来演唱。

② 幼儿跟教师学唱歌曲。

③ 教师引导幼儿分角色演唱。

④ 教师和幼儿分角色演唱。

（3）游戏"跳房子"

① 介绍玩法。幼儿在"房子"两侧站好，教师站在房顶处。师生对唱，DO单脚跳，RE双脚跳。齐唱的时候，从DO跳到高8度DO，再跳回来。

② 说明游戏规则。跳的速度跟不上节奏，停止游戏一次。房子楼层数可随幼儿对游戏的熟练程度而逐渐增加。

③ 师生共同游戏。

（八）活动八：艺术活动——房子变变变

1. 活动目标

（1）理解"房子"设计的多样性，积极参与创作"房子"设计。

（2）能发挥想象，积极探索"房子"的新设计。

（3）感受创作的乐趣，培养创新思维。

2. 活动准备

绘本故事《跳房子》PPT、画纸、水彩笔、游戏"房子"图。

3. 活动过程

（1）观看绘本故事《跳房子》，理解"房子"设计的多样性。

① 师：麦麦会跳多少种"房子"？都是什么"房子"？

② 小结：原来，"房子"可以有这么多种设计。根据不同的"房子"设计，游戏玩法也是丰富多样的，真有趣。

（2）手指"跳房子"游戏，体验不一样的乐趣。

① 给幼儿发麦麦游戏"房子"图，幼儿分组玩手指"跳房子"游戏——以手指代替脚在图上玩"跳房子"游戏。

② 请幼儿说说玩手指"跳房子"游戏的感受和收获。

（3）设计"房子"，创新玩法。

① 请幼儿谈谈，你想设计一间什么样的"房子"？

② 请幼儿设计自己喜欢的"房子"，教师巡回指导，鼓励幼儿大胆

创作。

（4）幼儿分享自己设计的"房子"。

（5）幼儿结伴利用自己设计的"房子"玩手指"跳房子"游戏。

（九）活动九：健康活动——趣味跳跳跳

1. 活动目标

（1）合作使用不同的立体材料探索搭建"房子"。

（2）能遵守游戏规则，与同伴合作花样跳房子。

（3）体验与同伴一起探索游戏、玩耍的乐趣。

2. 活动准备

垫子、呼啦圈、大卡纸、轮胎、木箱。

3. 活动过程

（1）热身运动。

教师带领幼儿做热身运动，活动身体的各部分。

（2）搭建"房子"。

① 请幼儿自愿组合，一起设计"房子"图纸，根据图纸利用各种立体材料搭建"房子"并进行游戏。

② 教师巡回指导，强调幼儿搭建的"房子"要注意安全性，要检查放稳器械。

（3）小组分享交流。

① 请各组代表分享自己小组的花样玩法。

② 幼儿继续游戏，幼儿可交换小组"房子"进行游戏。

（4）放松运动。

① 请幼儿进行自我活动评价。

② 一起做放松运动后整理器械。

（十）主题活动反思

本次活动以民间游戏"跳房子"来激发幼儿的探索兴趣，幼儿通过不断的自主探索、交流，尝试运用各种经验对游戏的玩法进行大胆创造：双脚跳、单脚跳、单双脚交替跳、按数字顺序跳。幼儿在了解并掌握游戏基本玩法后，尝试从平面到立体，从基本玩法到创意玩法。在游戏中，随着幼儿游戏兴趣与需求的转变以及游戏水平的不断提升，拼搭"房子"的材料和游戏玩法更加多样化，"跳房子"游戏也变得更加精彩有趣。民间游戏"跳房子"，不仅锻炼了幼儿的动作技能，促进了同伴交往，而且获得了经验与能力的提升。

通过开展民间游戏"跳房子"，我们认识到幼儿的能力有更大的提升空间。当他们年龄段目标达成的时候，在确保幼儿安全的情况下，我们可以适当提高难度。在活动中为幼儿提供自主活动空间，鼓励幼儿自主选择材料、选择伙伴合作搭建"房子"，在不断试错中更加能提高幼儿对"跳房子"游戏的兴趣，同时在活动中促进幼儿与同伴协商、交流、分享的乐趣。让幼儿在探索中使"跳房子"民间游戏的玩法得以拓展，赋予民间游戏更丰富的教育内涵。